DEMOS GRACIAS A DIOS

R. T. KENDALL

Dedicados a la excelencia

La misión de Editorial Vida es proporcionar los recursos necesarios a fin de alcanzar a las personas para Jesucristo y ayudarlas a crecer en su fe.

DEMOS GRACIAS A DIOS
© 2006 EDITORIAL VIDA
Miami, Florida

Publicado en inglés bajo el título:
THANKING GOD
por Hodder and Stoughton
© 2003 por R.T. Kendall

Traducción y edición: *Gisela Sawin Group*
Diseño interior: *Pablo Snyder*
Diseño de cubierta: *Grupo Nivel Uno, Inc.*

Reservados todos los derechos. A menos que se indique lo contrario, el texto bíblico se tomó de la Santa Biblia Nueva Versión Internacional. © 1999 por la Sociedad Bíblica Internacional.

ISBN-10: 0-8297-4588-2
ISBN-13: 978-0-8297-4588-7

Categoría: *Vida cristiana / Vida espíritual / General*

Impreso en Estados Unidos de América
Printed in the United States of America

06 07 08 09 10 ❖ 9 8 7 6 5 4 3 2 1

A Alan y Julia

Índice

Prólogo por Celia Bowring 7

Prefacio 9

Introducción 11

1. Compensar el tiempo perdido 13
2. Dios se da cuenta cuando decimos «gracias» 25
3. ¿Por qué agradecer a Dios? 40
4. Cuando resulta difícil demostrar gratitud 53
5. Tan solo recordar 63
6. Cumplir nuestras promesas 78
7. La pura gracia de Dios .90
8. La doctrina de la gratitud 107
9. La importancia del domingo de Ramos 118
10. La Cena del Señor 129
11. Una nación agradecida 143
12. Agradecer a Dios en el cielo 157

Conclusión 173

Prólogo

Jonathan Edwards nos enseñó que la misión de cada generación era *descubrir en qué dirección el Redentor Soberano se estaba moviendo y avanzar en esa dirección*. Al igual que con sus libros anteriores, R.T. Kendall lo ha hecho nuevamente en *Demos gracias a Dios*. Él tiene una increíble habilidad para tocar temas de vital importancia en el momento propicio. Su deseo, de no solo escuchar a Dios, sino de entender la relación entre esa palabra y el Espíritu y luego poder transmitir esas verdades, es un don precioso para todos nosotros. Sus palabras son esperadas ansiosamente ya que tienen el poder de cambiar vidas cuando se las aplica.

En *Demos gracias a Dios*, R.T. plantea un tema abandonado desde hace tiempo, pero que es central para nuestra fe cristiana: la gratitud hacia Dios y hacia los demás. En la sociedad sofisticada y egoísta de hoy, somos más propensos a criticar que a alabar, a dar lugar al desánimo antes que a expresar agradecimiento. R.T. escribe con una honestidad encantadora, partiendo desde su propio sentido de fracaso en este tema. Él confiesa que tuvo que ser enseñado por Dios a ser agradecido y a seguir una disciplina diaria de acción de gracias, porque esto no resulta fácil. Nos enseña porqué y cómo agradecer a Dios, y desde su corazón de pastor nos urge a ser obedientes y recibir las bendiciones que vienen de una actitud correcta.

«¿Sabes cuál es el mayor santo en el mundo? No es aquel que ora más o ayuna más; no es el que da más limosnas, sino el que siempre está agradecido a Dios, quien recibe todo como una instancia de la bondad de Dios y tiene un corazón siempre dispuesto a alabarlo por ello».

Estas palabras del libro *Serious Call to a Devout and Holy Life* [Un llamado serio a una vida devota y santa] de William Law, escritas por los años 1729, resumen bellamente el espíritu y la lógica de este brillante libro de R.T. Kendall.

—Celia Bowring

Prefacio

Este libro fue escrito en Gran Bretaña, pero terminado en Estados Unidos. Es difícil comprender que solo unos meses atrás me sentaba en la sacristía de la Capilla Westminster a escribirlo. Recuerdo un día en que miraba alrededor y decía: «¿De veras estoy aquí? ¿He estado aquí, en verdad, por veinticinco años?» El Dr. Martyn Lloyd-Jones solía decirme de sus treinta años de estadía en la Capilla: «Casi no recuerdo haber estado allí». Ahora sé exactamente a qué se refería.

Usted leerá un libro de un hombre muy agradecido. Nadie es menos merecedor que yo, pero cuando medito en la forma en que Dios me trajo de las colinas de Kentucky a Westminster, lo encuentro increíble.

Este libro ha estado dentro de mí, esperando salir, por más de quince años. Esto lo explico en el capítulo uno. Solo espero poder transmitir el deseo de ser más agradecido de lo que usted ha sido jamás. Como Pablo lo expresó: «Hermanos, siempre debemos dar gracias a Dios por ustedes, como es justo, porque su fe se acrecienta cada vez más, y en cada uno de ustedes sigue abundando el amor hacia los otros» (2 Tesalonicenses 1:3). Me he sentido emocionado y, a la vez, sosegado al aprender lo que significa para Dios que simplemente nos tomemos el tiempo para decirle —no solo para sentirlo— «gracias». Él se percata cuando no lo hacemos. Lo nota. Esto me tranquiliza.

Rob Parsons, quien consideró que *Total Forgiveness* [Perdón total] fue el que él elegiría como el mejor entre todos los libros que yo escribí, leyó el manuscrito de este y verdaderamente sugirió que este libro tiene el potencial de ser mi obra más importante.

También, hizo cometarios muy valiosos, como siempre, tal como lo hicieron mis amigos Lyndon y Celia Bowring. Le agradezco a Celia por su prólogo tan amable. ¿Qué haría yo, sin amigos como estos? Extraño a esta gente más de lo que se pueden imaginar.

Trabajar con David Moloney y el equipo de la editorial Hodder es siempre un placer. Estoy agradecido por su confianza constante. Mi gratitud, también, a Beryl Grogan, mi ex secretaria, quien ha visto sus esfuerzos llegar hasta la imprenta. Ella ha mecanografiado amablemente cada palabra. ¡Y nunca extrañé tanto tener una secretaria como ella! Su nuevo jefe, mi digno sucesor Greg Haslam, le ha permitido de buena gana ayudarme, de tanto en tanto, desde que me mudé a Florida. Estoy inmensamente agradecido a ambos por su bondad.

La gente me pregunta cómo es vivir estando retirado. Por extraño que parezca, no ha sido fácil para Louise ni para mí. Casi podría escribir un libro sobre ello. Ustedes leerán sobre cómo nuestra hija Melissa ama Londres. Nadie ama Londres más que Louise y yo. A veces, me pregunto si no acabaremos estableciéndonos allí, pero, ciertamente, puedo afirmar que estamos muy agradecidos a Dios porque alguna vez vivimos en Inglaterra y que he tenido el distinguible honor de ser ministro en la Capilla Westminster por exactamente veinticinco años.

Este libro está cálida y afectuosamente dedicado a Alan y Julia Bell. Puede leer sobre ellos en mi libro *In Pursuit of His Glory*, el cual relata un poco más sobre nuestros veinticinco años en Westminster. El Señor nos los envió a Louise y a mí en un tiempo de necesidad y solo queremos que ellos sepan cuánto los amamos. Gracias, Alan y Julia.

—*R.T. Kendall*
Key Largo, Florida
Junio de 2002

Introducción

Tengo miles de historias que podrían mostrar lo agradecido que soy cuando tengo ocasión de serlo, así que, perdónenme, por escoger una que sucedió recientemente. En el primer día en que nos mudamos a nuestro nuevo hogar en Key Largo, Florida, nuestro vecino «Skip» [en español, *contenedor*] y Diane, amablemente, se presentaron a Louise y a mí. «Hágannos saber si hay algo que podamos hacer por ustedes», cortésmente, se ofrecieron. Yo aprecié su simpatía, pero nunca se me cruzó por la cabeza aceptar su oferta. ¡Los mejores vecinos son aquellos que son cordiales, pero, nunca, fastidiosos! Como dijo el poeta Robert Frost: «Las buenas vallas hacen buenos vecinos».

Una hora más tarde, la capota Bimini de nuestra lancha (que nos protege del sol) se atoró, y los mecánicos dijeron que tendríamos que llevarla a su taller. Eso significaría pasar varios días sin ella, ni qué decir de los costos de reparación. Yo me había percatado que Skip tenía un pequeño taller de herramientas en su garaje, entonces me acerqué y le expliqué lo que pasaba. «Déjeme echarle un vistazo», respondió. Lo arregló en cinco minutos. Le agradecí efusivamente.

Entonces me metí en la lancha para hacer arrancar el motor. Exactamente el mismo problema que había tenido cada año en las vacaciones estaba volviendo esta vez: el mecánico nunca lo había arreglado realmente. Avergonzado como me sentía, crucé la calle nuevamente y le conté a Skip mi problema. «Déjeme echarle un vistazo», dijo otra vez. Él estudió la situación en silencio por varios minutos, y entonces, probó una cosa. Con una pieza insignificante reparó el motor en treinta segundos. Ahora yo sentía una profunda deuda de gratitud a mi, por cierto, nuevo amigo y vecino, y se lo expresé.

Pero hubo más. Una hora más tarde, estaba atando la lancha al muelle, cuando mis lentes se deslizaron por mi nariz y se fueron casi tres metros bajo el agua. Eran mis únicos lentes. «¡Ah, no! —pensé— Skip seguramente podrá ayudarme». No me atrevía a molestarlo de nuevo. ¡Pero recuperar mis lentes era más crucial que usar la lancha... y yo no estaba acostumbrado a bucear!

Golpeé la puerta de Skip por tercera vez. «¿Qué sucede ahora?», dijo bromeando. Tuve que explicarle lo que había ocurrido y por qué me dirigía a él por tercera vez en una hora. Se puso sus shorts, se zambulló en el agua y salió con mis lentes en la primera buceada. Yo no podía creerlo. ¡Estaba tan aliviado! ¡Y tan agradecido! Lo gracioso es que Skip parecía disfrutar de brindar ayuda. Él sabía, también, que yo estaba extremadamente agradecido. Pero nunca, nunca, nunca hubiera querido estar tan en deuda con alguien (¡especialmente con un vecino que acababa de conocer!). La verdad es que me siento afortunado de que Dios me haya dado uno como ese. Es demasiado bueno para ser cierto.

Pero eso es como una gota en el océano, comparado con lo que le debemos a Dios. No hay manera en que podamos calcular o sondear las profundidades de nuestra deuda de gratitud hacia Dios.

«¡Cuán preciosos, oh Dios, me son tus pensamientos!
¡Cuán inmensa es la suma de ellos!
Si me propusiera contarlos,
sumarían más que los granos de arena.
Y si terminara de hacerlo,
aún estaría a tu lado». (Salmo 139:17-18)

Lo que Dios hace cada día por nosotros: *que día tras día sobrelleva nuestras cargas* (Salmo 68:19), es mil veces mejor que lo que el mejor de los amigos y vecinos haría.

La pregunta es: ¿Somos agradecidos? De eso se trata este libro. Es sobre aprender la gratitud y recordar agradecer a Dios por todo: por las cosas grandes y las pequeñas. Dios quiere ser valorado. Quiero que este libro le ayude a mostrarle cómo tener un corazón agradecido.

Capítulo 1

Compensar el tiempo perdido

«Por nada estéis afanosos, sino sean conocidas vuestras peticiones delante de Dios en toda oración y ruego, con acción de gracia».

(Filipenses 4:6 RV)

Mi abuela McCurley era maestra en una escuela de Springfield, Illinois; su apellido de soltera era Maddox. En su clase había un niño de tez oscura, de diez años de edad, que siempre se peleaba con otros niños de tez blanca. Un día, al haberse quedado después de hora, mi abuela comenzó a preguntarle por qué siempre se metía en problemas.

—Señorita Maddox, esos chicos se burlan de mí y se juntan en mi contra en el patio del colegio —contestó—, por eso cuando entro a clase de nuevo trato de arreglar cuentas con ellos, porque no pueden burlarse de mí en clase.

—Entonces, estás tratando de arreglar cuentas con ellos, ¿no? —preguntó ella.

—Sí —respondió el niño— eso es lo que más quiero.

—¿Cómo te gustaría arreglar cuentas con ellos? —preguntó. Creo que eres un niño muy inteligente. Podrías obtener excelentes notas, si trataras. Si realmente quieres ajustar cuentas, debes obtener la mejor educación que puedas y así, serás alguien importante algún día. Y después *realmente* vas a poder arreglar cuentas.

Transcurrieron casi cincuenta años. Mi abuelo tenía su propio negocio, pero debido a un accidente no podía trabajar más.

Estaban a punto de perder la casa. Una mañana, mi abuela recibió una llamada de la Cámara Legislativa. La secretaria del senador le preguntó: «¿Usted es la conocida maestra Lottie Maddox? El senador quiere que asista a una reunión especial en su honor».

«Pero, ¿por qué?», preguntó mi abuela. La secretaria le contestó que le habían pedido al senador que invitara a la persona que más lo había influenciado en toda su vida para estar presente en esa reunión. Aquel estudiante de tez oscura de diez años se había recibido de abogado y ahora era senador.

Mi abuela y mi abuelo McCurley asistieron a la reunión y se sentaron en un lugar de honor. Luego de que el senador recibiera su premio por el alto logro en su estado, le pidió a la señora que conocía como señorita Maddox que se parara. El senador de tez negra contó la historia anterior al público presente. Dijo que fue ese acontecimiento el que lo cambió e hizo que quisiera hacer algo con su vida.

Luego de la reunión, se acercó a mi abuela y le dijo: «Hágame saber si hay algo que pueda hacer por usted». Ella le pidió si la podía ayudar a buscar trabajo, pues estaban a punto de perder la casa. Al día siguiente, ella entró en una oficina en la Cámara Legislativa y trabajó allí hasta que se jubiló.

Mi abuela estaba abrumada con tan solo pensar en la manera en que fue usada en la vida de aquel joven estudiante de tez negra y también con la manera tan sorprendente en que Dios proveía para sus necesidades, casi cincuenta años más tarde. *«¡Qué profundas son las riquezas de la sabiduría y del conocimiento de Dios! ¡Qué indescifrables, sus juicios e impenetrables, sus caminos!»* (Romanos 11:33).

El senador podría haberse tomado el tiempo de expresar su deuda de gratitud a su antigua maestra. Pero estaba decidido a compensar el tiempo perdido. Nunca olvidó a la señorita Maddox. Yo también conozco el sentimiento de querer expresar un agradecimiento atrasado cuando me siento totalmente indigno. ¡Pero, mejor tarde que nunca! Dios tiene la manera de hacernos salvar las apariencias y mostrarle gratitud.

Solo Dios sabe cuán agradecido le soy, y solo él sabe, en verdad, por qué debo estar agradecido. Completé veinticinco años de ministerio en la Madre Patria, así la llamamos en Estados Unidos, donde me han amado y apreciado. A muchos estadounidenses les gustaría tener el privilegio que tuve. A muchos predicadores les gustaría ser los pastores de la Capilla Westminster. No sucedió todo lo que deseé, pero cuando considero que un hombre de las colinas de Kentucky y un antiguo vendedor de aspiradoras de puerta en puerta ha sido tan bendecido, puedo decir, junto a David: «Señor y Dios, ¿quién soy yo, y qué es mi familia, para que me hayas hecho llegar tan lejos?» (1 Crónicas 17:16).

Saulo de Tarso nunca olvidó de dónde Dios lo había salvado. Le encantaba relatar su conversión una y otra vez. Estaba *muy* agradecido (1 Timoteo 1:12-17). Asimismo, nunca me olvidaré de que Dios me ha salvado, me ha perdonado por tantas cosas y me guarda de caer miles de veces. Además, a él le ha placido usarme, por lo que le estoy eternamente agradecido.

Me ha dado una esposa maravillosa y una familia hermosa, me ha dado los mejores amigos que jamás nadie ha tenido, sin mencionar la salud y las demás bendiciones. La lista es interminable. Le agradezco con las palabras de la canción de Graham Kendrick: «Señor, tú has sido bueno conmigo».

«Señor, tú has sido bueno conmigo
Toda mi vida, toda mi vida.
Tu dulce bondad nunca falta.
Recordaré
Todo lo que has hecho.
Trae de mi corazón
Canciones de agradecimiento.
Nuevo es tu amor cada mañana,
Lleno de compasión,
Libre y lleno de gracia y perdón.
Señor, tú has sido bueno conmigo.

Permite que cada respiro
Sea solo para ti, ¡oh Dios!
Mi vida debo a ti.
Amor tan sorprendente,
Misericordia gratuita.
Señor, tú has sido bueno,
Tan bueno conmigo».

(Graham Kendrick)

Mientras escribía el libro *In Pursuit of His Glory* [1], un recuento de mis veinticinco años en la Capilla Westminster, me di cuenta de que debía escribir otro que no fuera acerca de mi historia personal, sino un intento de mostrar cuán agradecido soy.

Pero, a esta altura, debo decir más porque, lamentablemente, aunque sea increíble, no siempre me sentí así. A pesar de todas las buenas cosas que Dios nos ha dado, también me he quejado, rezongado y renegado. Desearía que no fuera así. Pero lo es. Por eso he querido compensar, de ser posible, los años que fui tan desagradecido, a pesar de no tener ninguna excusa.

Soy consciente de que pueden decir: «Yo no he sido bendecido tanto como usted, R. T. Es fácil para usted ser agradecido. No tiene idea de todo lo que he sufrido y de lo que estoy sufriendo». Pero, por extraño que parezca, si se siente así, este libro es para usted.

Le aseguro que, asimismo, le podría contar largas (pero muy largas) historias. Pero la verdad es que, también, estoy literalmente agradecido por las peores cosas que me han sucedido. Y esta es la razón: las pruebas me han «formado». Una prueba o una medida de sufrimiento pueden «formar o quebrar» a una persona. ¿Cómo respondemos? Nuestras dificultades pueden habernos llevado a la amargura o a la desesperación; pueden habernos quebrado, en un buen sentido. *«El sacrificio que te*

---

[1] Hodder & Stoughton, 2002.

agrada es un espíritu quebrantado; tú, ah Dios, no desprecias al corazón quebrantado y arrepentido» (Salmo 51:17).

Muchos lectores deben de haber escuchado acerca de Joni Eareckson Tada. El accidente que la dejó paralizada para toda la vida, del cuello para abajo, sufrido al tirarse de cabeza al agua cuando era adolescente, podría haberla llevado a la amargura y a la desesperación. Pero, por la gracia de Dios, eligió dignificar su gran sufrimiento y él hizo de ella una leyenda y una bendición incalculable para cientos de personas heridas. No he sufrido nada como Joni. Sin embargo, puedo decir que las adversidades que he padecido han sido más valiosas que el oro. No tengo ninguna queja, en absoluto. Oro para que se una a mí para hacer lo que se dijo mucho tiempo atrás:

«Cuenta tus bendiciones, nómbralas una por una,
  Cuenta tus bendiciones, mira lo que Dios ha hecho;
  Cuenta tus bendiciones, nómbralas una por una,
  Y te sorprenderá lo que Dios ha hecho».

(Anónimo)

Una confesión: Pasó mucho, pero mucho tiempo, antes de despertarme y comenzar a ser una persona agradecida. Recién hace catorce años que, por gracia de Dios, se abrieron mis ojos. ¡Y por más gracioso que parezca, fue durante una de mis prédicas! Me encontré predicándome a mí mismo. Estaba conmocionado.

No todos los días mis prédicas me dan tal convicción, al punto de cambiarme la vida. Desearía que sucediera con mayor frecuencia. Sería un hombre mejor, si cada prédica tuviera un efecto poderoso en mí, al punto tal que mi vida fuera tocada para no volver a ser la misma persona nunca más.

Pero me ha sucedido un par de veces durante mis veinticinco años en la Capilla Westminster. Una de ellas fue el 6 de noviembre de 1998. Estaba predicando acerca de Filipenses 4:6: «Por nada estéis afanosos, sino sean conocidas vuestras peticiones delante de Dios en toda oración y ruego, con acción de gracias».

Las palabras «con acción de gracias» impactaron mi vida. Saltaron a la vista. Me convencieron de mi falta de agradecimiento a Dios. ¡Debía tanto, pero había prestado tan poca atención en recordar agradecer por mis palabras y mis hechos!

Sin embargo, no fue ese día la primera vez que noté la frase «con acción de gracias». Recuerdo muy bien la primera vez que la escuché, allá, por el año 1965, en la iglesia presbiteriana *Coral Ridge*, en Fort Lauderdale, Florida. El pastor, Dr. D. James Kennedy, había animado a la congregación a memorizar las escrituras, y muchos habían intentado hacerlo con el libro entero de Filipenses. Yo estaba allí una noche, en la cual la gente se puso en pie y, guiados por el Dr. Kennedy, recitaron Filipenses, cuatro. Por alguna razón, la manera en que decían «con acción de gracias» al llegar al versículo seis me dio tiempo para pensar. Al intentar memorizarla por primera vez, parecía que algunos se habían olvidado de la frase, pero se habían asegurado de que eso no volviera a sucederles nunca más. ¡Parecía que las palabras «con acción de gracias» las decían en un tono más alto!

No puedo decir que volví a pensar en ello hasta que yo mismo prediqué acerca de ese texto, casi veintitrés años después. Pero, cuando llegué a la frase «con acción de gracias», me sentí muy mal interiormente. Sabía que no había sido una persona muy agradecida, a pesar de tener tanto por lo que agradecer. No tenía ninguna excusa, al igual que David escribió en el Salmo 16:6: *«Bellos lugares me han tocado en suerte; ¡preciosa herencia me ha correspondido!»*.

Ahora quería compensar los años durante los que no fui agradecido a Dios. Pero, ¿cómo? Me hizo pensar en Bob George, un miembro de muchos años de la Capilla Westminster. Poco después de comenzar a ser el pastor, pregunté: «¿Cuántos de ustedes nunca han traído un alma a Cristo?». No sé cómo se sintió la gente cuando hice la pregunta, pero Bob George me contó, luego de un tiempo, cómo se había sentido él. Terriblemente mal. Prometió, una y otra vez, llevar alguien a Cristo. Por eso, cuando en junio de 1982 comenzamos el ministerio *Pilot Light* [Llama Piloto] en la iglesia, testificando a los transeúntes de la calle de Victoria, Bob George fue el primer voluntario. Desde entonces, ha guiado a cientos y cientos de personas a hacer la oración de decisión para ser salvos. En otras palabras, compensó el tiempo perdido. Y esa experiencia lo estremeció a *él*, también.

Esto es exactamente lo que yo mismo quería hacer, cuando me di cuenta de que debía ser agradecido. Quería compensar el tiempo perdido. Me esforcé en hacerlo de dos maneras: mostrando gratitud en mi propia vida como nunca antes lo había hecho, y enseñando, conscientemente, gratitud a la gente de la Capilla Westminster y a cualquier otra persona que me escuchara. Por eso escribí este libro.

El primer paso que di para indicar un cambio en mi vida fue comenzar cada día agradeciendo al Señor por todo lo que pudiera recordar de las veinticuatro horas anteriores. Durante muchos años he estado escribiendo un diario que posee muchos detalles. Por ejemplo, podría decirle donde estaba a las tres de la tarde, el 3 de abril de 1983, y qué había en mi corazón cuando desperté esa mañana.

Pero al comenzar el 7 de noviembre, el día después que prediqué por primera vez acerca de Filipenses 4:6, también, al escribir en mi diario comencé a agradecer al Señor por *cada pequeña cosa* que podía recordar de las veinticuatro horas anteriores. Desde ese día, cada mañana, al comenzar a orar para que Cristo vierta su sangre nuevamente sobre mí, tomo mi diario y comienzo a leerlo. Agradezco al Señor por cada pequeña cosa que puedo recordar acerca del día anterior. Quiero compensar el tiempo perdido. Nunca me he arrepentido por esta decisión ni tampoco he sido el mismo desde entonces.

Puede que no escriba un diario, aunque a muchos le ha sido una gran bendición. Lo que quiero decir es que el hábito de agradecer necesita ser parte de nuestra vida diaria, nacer de nuestro corazón, pero ser una disciplina que debemos mantener.

Tengo mucho por lo que estar agradecido. ¿Usted, no? ¿Demuestra cuán agradecido es? ¿Cómo podría tener la oportunidad diaria de agradecer al Señor?

Podría decir «él sabe que soy agradecido». Entonces, dígaselo. ¡Dígaselo! ¿No le agrada que la gente le agradezca por algún motivo? Aun cuando Dios pueda ver mi corazón, debemos decírselo. Mateo 6:8 dice que Dios también conoce las cosas que necesitamos, aun antes de que se las pidamos; pero que, de todas formas, él quiere que se las digamos; y cuando oramos, eso es lo que debemos hacer.

Tenemos una extraña manera de *pedirle* al Señor lo que necesitamos (aun cuando él conozca la necesidad). También, deberíamos recordar agradecerle (aun cuando él sepa muy bien que somos agradecidos). ¿Cómo podemos estar tan seguros de que lo somos, si no nos tomamos la molestia de recordar decirle «gracias» al «que nos ha bendecido en las regiones celestiales con toda bendición espiritual en Cristo» (Efesios 1:3)?

Todos conocemos personas que nos molestan por su falta de gratitud y apreciación. Sin duda, es verdad que aquéllos que recuerdan decir «gracias» son más agradecidos que los que lo olvidan. A Dios le gusta escucharnos decirle «gracias», tanto a él como a las demás personas.

Entre otras cosas que diré en el libro, mencionaré tres principios:
1. Dios ama la gratitud
2. Dios odia la ingratitud
3. La gratitud debe enseñarse

Un buen padre le enseñará a sus hijos a ser agradecidos, a demostrar agradecimiento y a expresarlo.

Dios, el padre perfecto, lo ha enseñado en su Palabra. Con mucho cuidado y paciencia le ha enseñado al pueblo de Israel a ser agradecido. Se afligía cuando eran desagradecidos. Jesús enseñó lo mismo, como también lo hizo el apóstol Pablo.

Por eso quería escribir un libro, tal vez, bastante atrasado, que le enseñara a la gente a ser agradecida y, también, explicara cómo demostrarlo.

Igualmente, demostraré que la doctrina bíblica de la santificación puede verse como la doctrina de la gratitud. La santificación es el proceso mediante el cual somos hechos santos. Es volverse más y más como Jesús. Pero ¿por qué ser santificados? La respuesta es: para demostrar que somos agradecidos. Por tal motivo la doctrina reformada de la santificación se ha llamado, literalmente, la doctrina de la gratitud. No somos salvos mediante la santificación, no vamos al cielo por volvernos más y más como Jesucristo. Somos salvos por mera gracia. *«Porque por gracia ustedes han sido salvados mediante la fe; esto no procede de ustedes sino que es el regalo de Dios, no por obras, para que nadie se jacte»* (Efesios 2:8-9).

La santificación es, pues, como la posdata al final de una carta. Podemos decir:

> «Gracias, Señor, por salvar mi alma;
> Gracias, Señor, por hacerme completo;
> Gracias, Señor, por darme
> Tu gran salvación tan rica y gratuita».
>
> (Anónimo)

Pero la santificación debía enseñarse en la Iglesia primitiva; por tal motivo, las epístolas son parte del Nuevo Testamento. Si la conversión hiciera a cada cristiano automáticamente santo y obediente, no habría necesidad de esas epístolas. Están allí para instruir a los convertidos sobre cómo vivir. Por lo tanto, la santificación debe enseñarse.

La gratitud debe enseñarse. La santificación demuestra gratitud mediante un hablar santo y una vida piadosa. Vivir una vida santa, cuando sabemos que somos completamente salvos por la fe en la sangre de Jesús, demuestra que somos agradecidos. ¿No es suficiente solo con vivir una vida piadosa? No, no lo es. Dios quiere más. Dios no solo quiere que demostremos gratitud mediante la obediencia, sino que aprendamos a *decirle* «gracias» y él quiere *escucharnos decir* «gracias». Quiere escucharlo todo el tiempo.

Fuimos creados a imagen de Dios (Génesis 1:26-27). Esta es una enseñanza muy profunda con varios significados. Por ejemplo, nos muestra que a nosotros, como creación de Dios, nos gusta que nos agradezcan y elogien porque así fuimos creados. Dios nos hizo como él. Él quiere que le agradezcamos y lo alabemos, y quiere que deseemos agradecerle y alabarle tanto como él lo desea. Me gustaría que me agradecieran por algo bueno que hice por ustedes, de la misma manera que Dios quiere que *yo* le agradezca a *él* por las cosas que ha hecho por mí.

No siempre nos damos cuenta cuando Dios nos guarda, sino hasta un tiempo después. Ese es el momento en que debemos dedicarnos a decir «gracias». Dios entiende que no siempre somos conscientes de su gracia. Pero luego —a veces, después de algún tiempo; a veces, después de algunos años— nos damos cuenta de cómo intervino para ayudarnos, y ese es el momento para agradecerle.

Con frecuencia pienso cómo obtuve la «revelación» acerca de Hebreos 6:4-6, uno de los pasajes más difíciles y discutidos del Nuevo Testamento. Nos habla sobre lo terrible que es caer y no ser capaces de ser renovados para arrepentimiento. No estoy tratando de crear un debate teológico, sino solo de decir que, cuando entendí claramente el significado, me impactó y estremeció. Pero lo menciono porque estoy tan profundamente agradecido de que no he pecado como para estar en la situación de Hebreos 6:6. Es la mera gracia de Dios que me ha guardado de no volverme sordo como una tapia al Espíritu Santo, lo que significa Hebreos 6:6. (Si quiere ahondar en detalles sobre este tema, puede leer mi libro *Are You Stone Deaf to the Spirit or Rediscovering God?* [¿Estás sordo a la voz del Espíritu o estás redescubriendo a Dios?].

Por lo tanto, debemos agradecerle si «oímos su voz» (Hebreos 3:7). Mientras que seamos sensibles al Espíritu Santo, no estaremos en peligro de caer, al punto de volvernos reprobados o de corazón endurecido. Es algo por lo que debemos estar muy, muy agradecidos. Cuando lo contemplo durante un tiempo soy la persona más conmovida. Dios ha tenido varias oportunidades de hacerme a un lado debido a mi orgullo, terquedad, codicia e impaciencia. Pero él ha permanecido a mi lado. ¿Es su caso? ¿Le ha agradecido?

Con frecuencia, estamos en peligro y no somos mínimamente conscientes de ello. Después, nos decimos: «No puedo creer lo cerca que estuve de arruinar mi vida. Gracias, Señor, por guardarme, a pesar de haber sido tan insensato».

En noviembre del 2001, viajé una semana a Israel junto con Alan Bell y Lyndon Bowring. Cuando fuimos a buscar el auto alquilado a Tel Aviv, pregunté: «¿Hay algún lugar al que no debamos ir?». La mujer que se encontraba detrás del mostrador solo contestó: «Si no hay controles policiales, no se preocupen». Quería decir que no podíamos ir a Belén, Gaza o Nablis (el lugar donde se encuentra el pozo de Jacob). Pero cuando nos encaminamos hacia Galilea a través de Jericó, Alan me dijo: «¿Te parece que debemos tomar esta ruta?». Le recordé lo que la mujer nos había dicho. Alan encogió sus hombros y contestó bastante rápido: «Está bien». Además, le dije que volver a Jerusalén e ir a Galilea a través de Tel Aviv nos llevaría tres veces más tiempo; al menos, cinco horas.

No me había dado cuenta de que Alan había consultado con las autoridades británicas antes de ir a Israel y me había enviado un mensaje con la advertencia. En una palabra, decía: «No entren a la costa oeste, no manejen hacia Galilea por la ruta del río Jordán; a todos los ciudadanos británicos se les ordena abandonar inmediatamente el área, si entran en ella». Esa era la advertencia, pero había estado muy ocupado para leerla. Alan suponía que yo lo había hecho. Por eso consintió cuando yo insistí en manejar hacia la costa oeste.

Observamos un control policial tras otro. En un lugar, dos tanques con armas apuntaban hacia nosotros. Paramos en un restaurante para comer algo. El dueño nos dijo: «¿Qué están haciendo aquí? Merecen una medalla». Los tanques que estaban afuera del restaurante y los soldados israelíes con sus ametralladoras no me preocupaban. Pero, sí, le preocupaban a Alan. Pensaba que yo sabía lo peligroso que era. Y cuando me mostró la copia de la advertencia quedé paralizado. Ya estábamos allí, justo en el medio de uno de los focos más volátiles del Medio Oriente, contra la advertencia oficial, y, todavía, a mitad de camino de Galilea. Créanme, oré durante todo el camino, de allí en adelante. Cuando estuvimos fuera de peligro, dimos gracias a Dios por habernos guardado. Es uno de los puntos por el que le agradecimos desde entonces.

No siempre nos damos cuenta de las veces que estuvimos en peligro en ciertos lugares y situaciones, y no fuimos conscientes hasta después de un tiempo. Cuando lleguemos al cielo, seguramente, miraremos hacia atrás y veremos las miles de situaciones en que Dios intervino y nos guardó del peligro. Podría ser peligro espiritual, o referirse a tentación o pecado. Tal vez, nos guardó de la compañía de una mala persona.

El propósito de esta obra, sin hacernos sentir culpables, es ser conscientes de cuán agradecidos debemos ser y hacernos recordar decirle a Dios cuán agradecidos somos. Les garantizo que las verdades de este libro tienen el potencial de cambiar nuestras vidas de una forma maravillosa y permanente. La frase «con acción de gracias» de Filipenses 4:6 cambió mi vida, y quiero compartirlo con ustedes. Otra forma de decirle «gracias» a Dios es escribir este libro. Le doy gracias a Dios por todo lo que me ha enseñado al serle agradecido. Si en alguna medida este libro lo impacta, todo el esfuerzo y la energía que puse en él habrán valido la pena. Habré alcanzado mis objetivos, si en verdad logró un cambio radical en nuestras vidas y en nuestro estilo de vida.

Capítulo 2
Dios se da cuenta de cuando decimos «gracias»

«Fíjate de no olvidarte lo que fuiste antes, a fin de que no des por sentada la gracia y misericordia que has recibido de Dios y te olvides de expresar tu gratitud, cada día».

(Martín Lutero, 1483-1546)

Poco después de quedar preso de la frase «con acciones de gracias», en Filipenses 4:6 RV, fui movido a ver la historia de cuando Jesús sanó a los diez leprosos, y solo uno dijo «gracias». Este es el relato:

«Un día, siguiendo su viaje a Jerusalén, Jesús pasaba por Samaria y Galilea. Cuando estaba por entrar en un pueblo, salieron a su encuentro diez hombres enfermos de lepra. Como se habían quedado a cierta distancia, gritaron: "¡Jesús, Maestro, ten compasión de nosotros!". Al verlos, les dijo: "Vayan a presentarse a los sacerdotes". Resultó que, mientras iban de camino, quedaron limpios.
Uno de ellos, al verse ya sano, regresó, alabando a Dios a grandes voces. Cayó, rostro en tierra, a los pies de Jesús y le dio las gracias, no obstante que era samaritano. "¿Acaso no quedaron limpios los diez? —preguntó Jesús— ¿Dónde están los otros nueve?

¿No hubo ninguno que regresara a dar gloria a Dios, excepto este extranjero?" "Levántate y vete —le dijo al hombre; tu fe te ha sanado"».

(Lucas 17:11-19)

Juan Wesley dijo que Dios no hace nada que no sea en respuesta a la oración. Lo que es cierto en el relato de los diez leprosos que fueron sanados, es que ellos primero oraron; y el Señor los escuchó. «Jesús, Maestro, ten compasión de nosotros» (vs. 13). Pedirle al Señor compasión y misericordia es siempre la manera correcta de orar. «Así que acerquémonos confiadamente al trono de la gracia para recibir misericordia y hallar la gracia que nos ayude en el momento que más la necesitemos» (Hebreos 4:16). Por lo tanto, hicieron bien cuando clamaron a Jesús por misericordia.

Es asombroso cómo podemos hacer las cosas bien, en oración, cuando estamos desesperados. Ellos no solo pidieron «piedad», sino que la «gritaron». ¿Por qué? ¿Acaso Dios es sordo? No. Pero él nos responde cuando estamos desesperados.

Aquellos que les gusta estudiar la historia de los avivamientos, a menudo, pasan por alto un común denominador de todo verdadero avivamiento: «Gente orando a viva voz, al mismo tiempo». Los diez leprosos hicieron esto. Del mismo modo se hizo en la Iglesia primitiva, cuando ellos, también, estaban desesperados. Era la amenaza de la persecución más severa lo que los condujo a orar así. Pedro y Juan reportaron las amenazas del Sanedrín a la Iglesia. Cuando los cristianos lo oyeron, «alzaron la voz en oración a Dios» (Hechos 4:24). Esta reunión de oración tuvo el indudable sello de Dios: «Después de haber orado, tembló el lugar en que estaban reunidos; todos fueron llenos del Espíritu Santo, y proclamaban la palabra de Dios sin temor alguno» (Hechos 4:31).

Yo fui criado en los Estados Unidos, en una denominación llamada La Iglesia del Nazareno. Los fundadores eligieron ese nombre no solo porque Jesús era nazareno (Mateo 2:23), sino porque llevaba consigo un cierto estigma. Los primeros nazarenos llevaban una señal y querían ser identificados con Jesús de Nazaret —un lugar que no tenía una reputación de producir nada grande. (Vea Juan 1:46). En mi iglesia local, allá, en Ashland, Kentucky, era común que todos en la congregación oraran en voz alta, al mismo tiempo. ¡Incluso, a veces, el ruido ahogaba la voz del que estaba guiando la oración! Pero esto no le molestaba a esa persona, sino que le gustaba más todavía. Los Nazarenos en Kentucky, a veces, eran llamados los «Ruidorenos».

Pero Dios los escuchaba cuando oraban. Mis primeros años se caracterizaron por un toque genuino de avivamiento. Nunca podré olvidarme de eso. Estoy tan agradecido con Dios por ello, porque me preparó para un ministerio futuro en mi vida que no solo fue abierto a la acción inmediata y directa del Espíritu, sino que, también, me ayudó a no temer la oración en voz alta. Solía animar a la gente de la Capilla Westminster a hacerlo. A veces, lo practicaban, pero muchos de ellos no podían. La respuesta de Rodney Howard Browne a la frase «Dios no es sordo» era: «Es cierto, ¡ni tampoco se pone nervioso!».

Los diez leprosos reconocieron que Jesús tenía el poder para sanarlos. Ellos querían asegurarse de que él sentía lo mismo que ellos sentían. Oraron en voz alta y clamaron por misericordia. Si usted me preguntara qué es más importante, si pedir misericordia u orar con desesperación, yo le contestaría: «Cuando estamos desesperados, es más probable que oremos a Dios en la manera correcta y que pidamos misericordia». Permítame citarlo nuevamente: «Así que acerquémonos confiadamente al trono de la gracia para recibir misericordia y hallar la gracia que nos ayude en el momento que más la necesitemos» (Hebreos 4:16). Muchas personas leen apuradas este versículo y pasan por alto uno de los puntos principales: la primera cosa que se nos ordena pedir cuando nos acercamos a Dios es *misericordia*.

La misericordia es algo que puede ser dado o retenido y, aun así, ser hecha justicia. Lo que hace que la misericordia sea misericordia, es que la persona que tiene el poder de darla pueda confiarla o retenerla y, aun así, ser verdaderamente justa, escogiendo cualquiera de las dos opciones. Misericordia es no recibir lo que merecemos.

¿Cuándo fue la última vez que pidió misericordia? ¿Cuándo, la última que oró por ella? ¿No nos damos cuenta, acaso, de que es lo primero que debemos pedir al acercarnos al trono de la gracia? Esto es así porque el trono de Dios debe ser protegido contra esa gente que corre a la presencia de Dios y exige (como si chasqueara los dedos). Dios no tolerará eso. El trono de la gracia tiene un escudo protector que no puede ser penetrado, a menos que el peticionante reconozca su condición y muestre una actitud correcta cuando se acerca a Dios. (Quizás por esta razón sus oraciones no estén siendo respondidas.) Debemos, ante todo, pedirle a Dios *misericordia*.

Solo un soberano tiene el derecho a determinar quién entra en su presencia. Uno no atraviesa los portones de hierro forjado del palacio de Buckingham y pide ver a Su Majestad la Reina. Solo si usted está previamente invitado le permitirán el paso.

Afortunadamente, en el caso del trono de la gracia, en el cual se sienta Su Majestad el Rey Jesús, ¡usted y yo estamos invitados! «Acerquémonos...» como gente simple, común, ordinaria, como usted y yo. La invitación ha sido extendida. Más aún, no calificar es necesario. No importa de qué partido político es, su trasfondo cultural, el color de su piel ni su nivel social o de educación. Acerquémonos. Gente común, como usted y yo.

Pero debemos reconocer nuestra condición. Cuando venimos al trono de Dios pedimos *misericordia*, y esto nos guarda de toda arrogancia o atrevimiento. Los leprosos reconocieron su condición. Ellos eran, tristemente, los desechados de la sociedad, pero, de algún modo, supieron que Jesús los aceptaría. Sin embargo, aún así, no pidieron sanidad, sino misericordia.

Así fue, precisamente, como otro leproso, en particular, se acercó a Jesús. Él puede haber sido el único convertido del Sermón del Monte. Inmediatamente después de este, vino un leproso que ciertamente reconocía su condición. Se arrodilló ante Jesús y le dijo: «Señor, si quieres, puedes limpiarme» (Mateo 8:1-2).

¿Cuándo fue la última vez que le pidió misericordia a alguien? ¿Lo ha hecho alguna vez? Es algo humillante. Usted puede pedirle a alguien un favor. Puede hacerle una propuesta. Puede decir: «Si haces esto por mí, yo haré esto otro por ti». De ese modo, estamos al mismo nivel. Ciertamente, no queremos contraer obligaciones con otros, de modo que no tengamos que pedirles misericordia. Si le tuviéramos que pedir a alguien un favor, usaríamos cualquier otra palabra del diccionario, excepto «misericordia», a menos que fuera la única que quedase. Eso significaría que usted está bastante desesperado. Que no tiene poder para negociar. Que se siente completamente desamparado.

Mi esposa Louise y yo estábamos paseando una mañana en el automóvil, por Miami Beach, Florida. Estábamos en la avenida Collins, la famosa calle en que están situados los hoteles más lujosos de los Estados Unidos. Me estaba acercando al semáforo, cerca del Hilton Fontainebleau. Conducía a casi 30 millas por hora [50 km./h], cuando, de pronto, la luz amarilla cambió a roja. A los pocos segundos, en mi espejo retrovisor vi la luz azul intermitente de la policía. Salí del auto y le dije al agente: «Por favor, no me haga una multa». Pude ver por su expresión que él sabía que yo sabía lo que había hecho. Así que no tenía caso hacerme el inocente. Simplemente dije:

—Por favor, no me haga una multa.
—¿Por qué?— me preguntó.
—Porque lo apreciaría— le dije.

Me miró con incredulidad y dijo:

—Déme una razón por la cual no debería hacerle la multa. ¿No se dio cuenta de que pasó la luz rotundamente en rojo; más precisamente, esa luz, en rojo? Así que deme una razón por la cual no debería multarlo.

El oficial notó que mi licencia de conducir tenía dirección de Fort Lauderdale. Entonces le dije:

—Creo que las luces amarillas en Fort Lauderdale permanecen por más tiempo que en Miami Beach.

Alzó sus ojos al cielo. Yo agregué que estábamos yendo a menos de 50 km./h. Él interrumpió:
—El límite de velocidad es 25 millas por hora [casi 40 km. por hora]. Ahora estaba en problemas, más que nunca.
—Por favor, no me haga la multa— supliqué.
—¿Por qué?
—Por ninguna razón. Solo estoy pidiendo misericordia.
Y entonces me dejó ir. Nunca sabré por qué. Lo que sé es cómo me sentí. Nunca olvidaré ese momento. Y el sentimiento de total gratitud.
Los diez leprosos clamaron: «Ten misericordia de nosotros». Ellos sabían que Dios podía otorgar o retener la misericordia y seguir siendo justo en ambos casos.
Eso fue lo que David Brainerd (1718- 1747), un misionero a los indios de Nueva York, aprendió sobre Dios. Si David Brainerd hubiera vivido, se habría convertido en el yerno del teólogo americano Jonathan Edwards (1703-1758). Antes de su muerte, a la edad de veintinueve años, Brainerd escribió un diario que Jonathan Edwards publicó. Cuando John Wesley leyó *The Life and Journal of David Brainerd* [La Vida y Diario de David Brainerd], se lo hizo leer a todos los ministros metodistas. Se dijo que este libro motivó a más jóvenes a entrar en el campo misionero que cualquier otra obra literaria en la historia de la Iglesia.
Pero David Brainerd tuvo una pelea severa con Dios antes de convertirse. Cuanto más leía la Biblia, más se enojaba con Dios. Decía que había descubierto cuatro cosas acerca de Dios, y cada una de ellas lo hacía enojarse más con él. Primero: que Dios requiere una justicia perfecta. Brainerd sabía que él no la tenía, que necesitaba un sustituto. Eso lo puso molesto. Segundo: Dios requería fe en ese sustituto y Brainerd estaba enojado porque no podía producir la fe que Dios demandaba. Descubrió, en tercer lugar, que Dios podía darle esa fe o no dársela. Porque Dios dijo: «Y verás que tengo clemencia de quien quiero tenerla, y soy compasivo con quien quiero serlo» (Éxodo 33:19). Ahora estaba más enojado que nunca. Pero la cuarta cosa que dijo que aprendió era que Dios

podía «salvarlo o condenarlo y ser justo en ambos casos». Aunque estaba más enojado que nunca, finalmente, le pidió a Dios que lo salvara. Dios lo hizo. Y David Brainerd nunca se olvidó de ello.

Me parece que algo que está faltando entre los cristianos —ahora, más que nunca— es una convicción sólida de la justicia y la soberanía de Dios. Por demasiado tiempo la «generación del yo» se ha metido en nuestro pensamiento. Esa es una de las razones por la cual tantos cristianos están débiles y anémicos. Y desagradecidos.

Nuestra gratitud a Dios ciertamente será proporcional a nuestro sentido de indignidad, porque el mismo Dios que podría habernos pasado por alto no lo hizo. Estoy tentado a usar la expresión «por suerte» (una expresión bíblica, por cierto). La palabra «felicidad», cuando algo bueno nos «sucede», en verdad, viene de la palabra que significa «suerte» [N. de la T.: el autor se refiere a las palabras inglesas *happiness*, felicidad, y *happen*, suceder.] Se usa en la parábola del buen samaritano; «sucedió» que un sacerdote estaba descendiendo por el mismo camino (Lucas 10:31). (Entonces el mundo nos robó una palabra perfectamente buena para nosotros y ahora tenemos temor de usarla.) Pero el sentimiento de «tener suerte» o ser afortunados —cuando, en realidad, suerte no es «casualidad» de ningún modo, sino la bendición soberana de Dios— puede brindarles a los cristianos un buen sentido de gratitud, porque nos bendijo cuando no lo merecíamos. Nuestra gratitud, entonces, va a darse en proporción con nuestro sentido de asombro de que Dios hizo lo que hizo por gracia, pero no tenía obligación de hacerlo. Cabe preguntarnos: «¿Por qué, a mí?».

> «La gracia soberana sobre el pecado abunda,
> Las almas rescatadas, las buenas nuevas que corren;
> Es una profundidad insondable;
> ¿Quién su anchura o longitud puede decir?
> En sus glorias,
> Permita mi alma para siempre morar.
> ¿Qué tomará de Cristo esa alma,

Ligada con vendas eternas?
Una vez en él, en él para siempre,
Así el pacto eterno permanece;
Ninguno lo arrancará,
De las manos del Fuerte de Israel.

Herederos de Dios, coherederos con Jesús,
Mucho antes que comenzara su carrera;
A su nombre, alabanza eterna,
¡Ah, qué maravillas él ha hecho!
Uno con Jesús,
Uno por la unión eterna.

En el tal amor, mi alma medita todavía,
Amor tan grande, tan rico y tan libre;
Dice, mientras se pierde en el santo asombro,
"¿Por qué, oh Señor, tal amor para conmigo?"
¡Aleluya!
La gracia reinará eternamente».

(John Kent, 1766-1843)

David estaba atónito al decir: *«Bellos lugares me han tocado en suerte; ¡preciosa herencia me ha correspondido!»* (Salmo 16:6). Sabía que Dios había sido singularmente bueno con él. Esa es la forma en que se sintió cuando reflexionó sobre la noticia de que no iba a poder edificar el templo. Dios reservó eso para Salomón. David estaba decepcionado, pero, aún allí, se presentó delante del Señor y dijo: *«Señor y Dios, ¿quién soy yo, y qué es mi familia, para que me hayas hecho llegar tan lejos? Como si esto fuera poco, Señor y Dios, también has hecho promesas a este siervo tuyo en cuanto al futuro de su dinastía. ¡Tal es tu plan para con los hombres, Señor y Dios!»* (2 Samuel 7:18-19).

Esos versos inspiraron el himno inmortal de John Newton «Sublime Gracia». Las palabras de David: «que me hayas hecho llegar tan lejos» se reflejan en los versos:

> «Peligros, luchas y aflicción
> los he tenido aquí;
> la gracia siempre me libró
> y me guiará feliz».
>
> (John Newton, 1725-1807)[2]

Cuando Dios nos concede su misericordia soberana, eso debería hacernos sumamente agradecidos. Esa es la razón por la cual el apóstol Pablo nunca se olvidaba de su salvación. Sabiendo que se había dedicado a la destrucción de los cristianos como lo había hecho, siendo un «blasfemo y perseguidor, y hombre violento», solo le restaba decir: «me fue mostrada misericordia» (1 Timoteo 1:13; «obtuve misericordia», en la versión King James Autorizada).

Cuando vivíamos en Oxford, Louise y yo solíamos ir a Olney, en el condado de Buckinghamshire, para ver la tumba de John Newton. Él escribió su propio obituario, el cual reza: «John Newton, clérigo, una vez infiel y libertino, un siervo de los esclavos en África, fue, por la rica misericordia de nuestro Señor y Salvador Jesucristo, preservado, restaurado, perdonado y nombrado para predicar la fe que por mucho tiempo había intentado destruir».

«¡Ten compasión de nosotros!», clamaban los leprosos. «Compasión» es la traducción que versión NVI hace de la palabra griega que casi siempre se traduce como «misericordia» en otros lados, como en Hebreos 4:16. Es una palabra que los orgullosos detestan pronunciar en conexión con Dios. Esa gente prefiere sentir que Dios nos debe algo, que él tiene mucho por lo cual responder. Pero la verdad es que somos tan indignos e indefensos como aquellos leprosos. ¡Si tan solo conociéramos nuestra condición como ellos conocían la suya! ¡Quizás, entonces no nos importaría quién está escuchándonos a escondidas y clamaríamos por misericordia!

---

[2] Traducido al español por Cristóbal E. Morales (1898-1991).

Jesús los escuchó. Ellos fueron sanados. Pero ese no es el final de la historia: «Uno de ellos, al verse ya sano, regresó alabando a Dios a grandes voces. Cayó rostro en tierra a los pies de Jesús y le dio las gracias, no obstante que era samaritano» (Lucas 17:15-16).

Su alabanza fue en proporción directa a su súplica anterior. Porque alabó a Dios «a grandes voces».

La alabanza a viva voz no le molestó a Jesús. ¿Por qué nos ofendemos nosotros con la oración en voz alta, hoy? La oración en voz alta no es, necesariamente, lo mismo que la música fuerte. Algunas veces, esta ahoga el canto, y eso no es bueno. ¡Pero anhelo ver el día que una congregación esté tan rebosante de gratitud que ahogue el sonido de la música!

El leproso estaba *muy* agradecido. ¿Y usted, lo está? ¿Usted no tiene una razón así para estar agradecido? ¿Lo ha demostrado? ¿Se lo ha dicho al Señor? El leproso se arrojó a los pies de Jesús queriendo demostrarle, si fuera posible, un poquito de lo que sentía, al haber visto su cuerpo limpiado de la lepra. Parecía demasiado bueno para ser cierto.

Lo extraordinario acerca de esta historia del Nuevo Testamento (y posiblemente la razón por la cual Lucas relata la escena) es que, de los diez leprosos que fueron sanados, solo esa persona regresó para expresar su gratitud. ¡Increíble! ¿Qué estarían pensando los otros diez? ¿Estarían suponiendo que esto era lo que se merecían? ¿O simplemente se olvidaron?

Estoy casi seguro de que olvidaron decir «gracias» a aquel que los había sanado instantáneamente.

Y muchos de nosotros somos iguales. Me avergüenza decir que yo también fui así por mucho tiempo.

Parte del motivo por el cual queda registrada esta historia fue también que ese que vino a dar gracias era un samaritano. Parecería que los otros eran judíos. Los samaritanos eran odiados por parte de los judíos. La gente llamaba samaritanos a lo que quedaba de las diez tribus perdidas de Israel que se habían establecido en una parte de la tierra que se llamaba Samaria. Juan quería que sus lectores supieran (en caso de que no lo supieran) que los «judíos no se tratan con los samaritanos» (Juan 4:9 RV). Por lo tanto, el hecho de que siendo un samaritano haya sido sanado por Jesús, debe de haber hecho a este hombre inconmensurablemente más agradecido. Pero eso no justifica a los otros que no volvieron a agradecerle a Jesús. Porque su comentario inmediato fue: «¿Acaso no quedaron limpios los diez? ¿Dónde están los otros nueve?» (vs. 17).

Dios se da cuenta de nuestra gratitud —y de nuestra ingratitud, también.

¿Usted quiere llamar la atención de Dios? ¿Ha tenido dificultades para ello? Aquí hay dos cosas que puede hacer: Primero, pida misericordia cuando se acerca al trono de la gracia; y segundo, diga «gracias» cuando él responde su oración.

Jesús agregó: «¿No hubo ninguno que regresara a dar gloria a Dios, excepto este extranjero?» (Lucas 17:18). Porque Dios se da cuenta de nuestra gratitud —y también de nuestra ingratitud.

Usted y yo somos como los samaritanos. No merecemos ser salvos. Aun si el lector de estas líneas es un judío; con todo, no merece ser salvo. «Lo que sucede es que no todos los que descienden de Israel son Israel» (Romanos 9:6) porque «los hijos de Dios no son los descendientes naturales» (Romanos 9:8). Si usted es judío, pero ha reconocido ahora a Jesús como su Mesías, es porque Dios soberanamente lo ha bendecido. Entonces, todos deberíamos estar igualmente agradecidos porque fuimos salvados, seamos judíos o gentiles.

La verdad es que debemos darnos cuenta de que tenemos que estar profundamente agradecidos por lo que Dios ha hecho por nosotros —sea lo que sea— como lo estaba el samaritano que fue sanado de la lepra. Debemos recordar que, simplemente, no somos merecedores y no estamos en posición de negociar con Dios.

Cuanto más vivo, más me asombro de la bondad y misericordia de Dios para conmigo. Por mucho tiempo yo fui como los nueve que siguieron su camino. En días recientes Dios me ha dado la opción de escoger ser como el leproso que regresó para decir «gracias».

Una de las herramientas del diablo es tratar de hacernos creer que Dios no les presta atención a las cosas de la Tierra, que él no nos tiene en cuenta y que ni siquiera registrará si lo desobedecemos. El mayor desatino del mundo es decirnos: «Dios no se da cuenta, Dios no ve». Esa es la razón por la cual Moisés dio esta advertencia al pueblo:

> «Si alguno de ustedes, al oír las palabras de este juramento, se cree bueno y piensa: "Todo me saldrá bien, aunque persista yo en hacer lo que me plazca", provocará la ruina de todos».
> (Deuteronomio 29:19)

> «Todos esos malhechores son unos fanfarrones;
> a borbotones escupen su arrogancia.
> A tu pueblo, Señor, lo pisotean;
> ¡oprimen a tu herencia!
> Matan a las viudas y a los extranjeros;
> a los huérfanos los asesinan.
> Y hasta dicen: "El Señor no ve;
> el Dios de Jacob no se da cuenta"».
> (Salmo 94:4-7)

> «Unos a otros se animan en sus planes impíos,
> calculan cómo tender sus trampas;
> y hasta dicen: "¿Quién las verá?"».
> (Salmo 64:5)

> «¡Ay de los que, para esconder sus planes,
> se ocultan del Señor en las profundidades;
> cometen sus fechorías en la oscuridad, y piensan:
> "¿Quién nos ve? ¿Quién nos conoce?"!».
> (Isaías 29:15)

Dios, sí, se da cuenta y ve. Isaías no solo le advertía al pueblo de Dios sobre este asunto, sino que usó el mismo concepto para alentarlos:

> «¿Por qué murmuras, Jacob?
> ¿Por qué refunfuñas, Israel:
> "Mi camino está escondido del Señor;
> mi Dios ignora mi derecho"?».
>
> (Isaías 40:27)

En el mismísimo momento en que le decimos «gracias» al Dios Altísimo, tenemos toda su atención. Por eso, cuando sintamos que Dios está escondiendo su rostro de nosotros, esa es una preciosa oportunidad no solo para llamar su atención, sino, además, para complacerlo más que nunca.

Expresar gratitud cuando estamos felices es más fácil de hacer, aun cuando sea una molestia o requiera un poco de sacrificio, que cuando estamos tristes. A Dios le gusta cuando le agradecemos y estamos de buen humor, no se confunda. Pero le gusta, aún más, cuando continuamos diciendo «gracias», aunque estemos en un estado de melancolía. Es un verdadero «sacrificio de alabanza» (Hebreos 13:15) cuando logramos alabarlo en circunstancias adversas. Digo más, es en esos momentos cuando hacemos los mayores progresos en nuestra vida cristiana.

«He aquí, aunque él me matare, en él esperaré», dijo Job (Job 13:15 RV). En su profundo dolor, sintiéndose no tenido en cuenta y no amado, él lloró:

> «¡Ah, si fueran grabadas mis palabras,
> si quedaran escritas en un libro!
> ¡Si para siempre quedaran sobre la roca,
> grabadas con cincel en una placa de plomo!
> Yo sé que mi redentor vive,
> y que al final triunfará sobre la muerte».
>
> (Job 19:23-25)

Esas palabras fueron grabadas. Fueron registradas. Porque Dios, sí, lo tenía en cuenta. Y lo amaba.

Él nos ama a usted y a mí también. ¡Si pudiéramos saber cuánto! Nos ama tanto como amó a David, quien trató de expresar sus sentimientos:

> «¡Cuán preciosos, oh Dios, me son tus pensamientos! ¡Cuán inmensa es la suma de ellos! Si me propusiera contarlos, sumarían más que los granos de arena. Y si terminara de hacerlo, aún estaría a tu lado».
> (Salmo 139:17-18)

A él le encanta oír a aquellos que ama. La palabra «gracias» es preciosa para él. Lo que es mejor, tiene un modo de hacer que él haga más por nosotros que nunca antes.

Pero antes de cerrar este capítulo debo señalar una de las ironías más interesantes cuando se trata de la gratitud. A pesar de que nos trae gozo y bendición, la gratitud es, primero y principalmente, nuestra obligación, y por eso no merece que Dios haga nada a cambio. El mismo contexto del relato de los diez leprosos lo demuestra. Lucas lo ubicó inmediatamente después de la siguiente parábola:

> «Supongamos que uno de ustedes tiene un siervo que ha estado arando el campo o cuidando las ovejas. Cuando el siervo regresa del campo, ¿acaso se le dice: "Ven en seguida a sentarte a la mesa"? ¿No se le diría más bien: "Prepárame la comida y cámbiate de ropa para atenderme mientras yo ceno; después tú podrás cenar"? ¿Acaso se le darían las gracias al siervo por haber hecho lo que se le mandó? Así también ustedes, cuando hayan hecho todo lo que se les ha mandado, deben decir: "Somos siervos inútiles; no hemos hecho más que cumplir con nuestro deber"».
> (Lucas 17:7-10)

La llamativa frase «no hemos hecho más que cumplir con nuestro deber» es seguida por la sanidad de los diez leprosos; pero solo uno de ellos cumplió con su deber de venir y agradecer a Dios. Jesús no elogió al leproso por cumplir con su deber de mostrar agradecimiento. Su respuesta al hombre agradecido fue: «¿Acaso no quedaron limpios los diez? ¿Dónde están los otros nueve?» (Lucas 17:17).

Por lo tanto, no debemos nunca —jamás— olvidarnos de que a cambio de nuestra gratitud, no merecemos que Dios nos retribuya con más bendiciones. Porque la gratitud es nuestro deber. «Así también ustedes, cuando hayan hecho todo lo que se les ha mandado, deben decir: "Somos siervos inútiles; no hemos hecho más que cumplir con nuestro deber"» (Lucas 17:10).

Esta es la ironía: aunque ser agradecidos con Dios es nuestro deber y no merecemos ser elogiados por Dios, él, de todos modos, *nota* cuando le agradecemos — ¡y le gusta mostrarlo! La lección para nosotros aquí es que no debemos mirar a Dios por encima de nuestro hombro y decir: «Espero que te des cuenta de que te agradecí». Eso sería como dejar que nuestra mano derecha sepa lo que está haciendo nuestra mano izquierda —lo contrario a lo que Jesús enseñó (vea Mateo 6:3).

En pocas palabras: agradecerle a Dios es tanto un privilegio como un deber. Nunca lo olvide. Pero no se sorprenda de que tal corazón agradecido sea bendecido. ¡Nuestro Padre Celestial no puede hacer otra cosa!

Capítulo 3

¿Por qué agradecer a Dios?

«Si yo pudiera decirle la manera más segura y rápida para alcanzar la felicidad, sería hacerse la norma de agradecer a Dios por todo lo que le sucede. Porque es verdad que cualquiera sea la aparente calamidad que le pueda ocurrir, si agradece y alaba a Dios por ella, la cambiará en bendición. Si usted pudiera obrar milagros, eso no superaría el hecho de tener este maravilloso espíritu, porque él sana con una sola palabra y convierte todo lo que toca en felicidad».

(William Law, 1686-1761)

El esfuerzo que puede llevar el recordar agradecer a Dios casi puede transformarse en algo egoísta, porque cuando experimentamos cómo le agrada recibir nuestra gratitud, él quiere bendecirnos más que antes.

Es algo muy parecido con el diezmo. Hay un principio en lo económico: no podemos dar más que el Señor.

Recuerden esto: «El que siembra escasamente, escasamente cosechará, y el que siembra en abundancia, en abundancia cosechará. Cada uno debe dar según lo que haya decidido en su corazón; no, de mala gana ni por obligación, porque Dios ama al que da con alegría. Y Dios puede hacer que toda gracia abunde para ustedes, de manera que siempre, en toda circunstancia, tengan todo lo necesario, y toda buena obra abunde en ustedes. Como está escrito: "Esparció y dio a los pobres; su justicia permanece para siempre".

¿Por qué agradecer a Dios?

El que le suple semilla al que siembra también le suplirá pan para que coma, aumentará los cultivos y hará que ustedes produzcan una abundante cosecha de justicia. Ustedes serán enriquecidos en todo sentido para que en toda ocasión puedan ser generosos, y para que por medio de nosotros la generosidad de ustedes resulte en acciones de gracias a Dios» (2 Corintios 9:6-11).

«Traigan íntegro el diezmo para los fondos del templo, y así habrá alimento en mi casa. Pruébenme en esto, dice el Señor Todopoderoso, y vean si no abro las compuertas del cielo y derramo sobre ustedes bendición hasta que sobreabunde» (Malaquías 3:10).

La versión Reina Valera de Malaquías 3:10 también dice: «Probadme ahora en esto».

Quizás, usted sepa que la Biblia no intenta hacernos poner a prueba a Dios. Para algunos puede parecer un poco extraño, al principio. Ciertamente, podemos decir, como la Biblia es el libro de Dios y la Palabra de Dios, ¡él puede haber impulsado, al menos, a uno de los escritores de los sesenta y seis libros, a demostrarles a los lectores que él existe! Pero nunca lo hace. «La mayor libertad es no tener que probar nada», dice mi amigo Pete Cantrell, y Dios es totalmente libre en sí mismo. Él no tiene necesidad de probarse ante la persona más escéptica.

El momento en que más se acerca a ser probado, no obstante, es en Malaquías 3:10. Y la manera en que lo hace es dándole a él lo que le pertenece (el 10% de nuestros ingresos). Es nuestro deber. Y todavía promete bendecir al dador tanto que se le va a hacer difícil de contener. ¡Y es verdad! Lo explico en detalle en mi libro acerca del diezmo, *The Gift of Giving* [El don de dar] (Hodder & Stoughton, 1998).

El punto es este: del mismo modo que no podemos dar más que Dios, tampoco podemos agradecer más que Dios. ¡Él nos bendice más que nunca! Por eso digo que agradecerle a Dios, del mismo modo que darle a él, casi puede volverse una cosa egoísta.

Esto también se aplica al tiempo que pasamos en oración. He descubierto que cuanto más tiempo paso en oración, un tiempo de más calidad me queda para mí mismo. Por eso ambas cosas, el tiempo en oración y el diezmo, me recuerdan ese breve poema del autor de *El Progreso del Peregrino:*

«Había un hombre, algunos lo llamaban loco;
Cuanto más daba, más tenía».

(John Bunyan, 1628-1688)

Yo podría parafrasear el poema así:

«Había un hombre, algunos lo llamaban loco;
Cuanto más oraba, más tiempo tenía».

Escuche las siguientes palabras del diario de Martín Lutero: «Tengo un día muy ocupado hoy. ¡No debo pasar dos, sino tres horas en oración!» John Wesley pasaba un mínimo de dos horas todas las mañanas, levantándose a las cuatro de la mañana, antes de abocarse a sus quehaceres diarios. La gente hoy se olvida con frecuencia —o no les han enseñado— lo que era el verdadero don de las mayores figuras de la historia de la Iglesia. No siempre eran sus grandes cerebros o su intelecto, sino la intimidad que tenían con Dios.

Ésta es una experiencia que he tenido numerosas veces. Me dije a mí mismo: «Dios sabe que tengo que terminar hoy este sermón o este libro. Él entenderá si no hago mi tiempo normal de oración y no incluyo toda mi lista, o si no leo mi Biblia todo el tiempo que suelo hacerlo». Pero he aprendido algo con el correr de los años: cuando me *hago el tiempo* para estar con él, el resultado es una unción mayor para hacer lo que no hubiera sido capaz de hacer, si hubiera proseguido inmediatamente con mi sermón o mi escritura.

Recuerdo un viaje en tren a una ciudad, en el norte de Inglaterra. Sentía la presión de avanzar con la preparación de este mismo libro. Sentía que debía usar las tres horas del viaje para terminar una parte de un capítulo. Pero esa mañana no había pasado mi tiempo habitual con el Señor porque tenía que llegar a la estación. ¿Entonces, cómo pasaría el viaje? Aunque pensé que Dios comprendería si yo iba directamente al libro, de algún modo, opté por abandonarlo y orar por mi lista de oración primero. Algo que me ayudó a tomar la decisión fue el conocimiento de que —además de necesitar la unción para hacerlo— no lograría llegar a ningún lado. Entonces procedí a orar. Algo inesperado ocurrió. ¡Los pensamientos para el libro se derramaron en mi corazón a medida que oraba por mi lista de oración! Para el tiempo en que acabé de orar, ¡tenía más material para un capítulo en particular que el que jamás habría imaginado! Fue como si Dios me hubiera recompensado por orar en vez de escribir, otorgándome más unción para hacerlo. Así es Dios. Nunca podremos hacer más que el Señor.

Lo mismo sucede con la gratitud.

Nunca olvidaré un sermón que escuché a Paul Cain predicar. Más conocido por su don profético que por su oratoria, Paul predicó un sermón en la Capilla Westminster que posiblemente afectó más mi vida que ninguna de sus profecías. Era sobre la alabanza. Él usó una frase que era nueva para mí: «Ciclo hidrológico». Dijo que nuestra alabanza es como el vapor que se eleva desde la tierra, formando las nubes que traerán la lluvia nuevamente a la tierra. Nuestra alabanza a Dios forma las nubes que se derraman como lluvias de bendición. Hay muchas Escrituras que lo confirman:

> «Que te alaben, oh Dios, los pueblos;
> que todos los pueblos te alaben.
> La tierra dará entonces su fruto,
> y Dios, nuestro Dios, nos bendecirá».
>
> (Salmo 67:5-6)

> «Después de consultar con el pueblo, Josafat designó a los que irían al frente del ejército para cantar al Señor y alabar el esplendor de su santidad con el cántico:

Den gracias al Señor; su gran amor perdura para siempre.

Tan pronto como empezaron a entonar este cántico de alabanza, el Señor puso emboscadas contra los amonitas, los moabitas y los del monte de Seír que habían venido contra Judá, y los derrotó».

(2 Crónicas 20:21-22)

También es típico de Dios apelar a nuestro interés personal, cuando nos persuade a obedecerlo. Algunas personas buenas sienten que tienen que obedecer a Dios tanto si nos bendice como si no lo hace. Coincido plenamente con ellos. Algunos piensan que es indigno responder a los mandamientos de Dios bajo la promesa de ser bendecidos. Quieren amar a Dios sin esas promesas. Y sé exactamente lo que eso significa. Pero pasan por alto la verdad de que, nos guste o no, Dios ha elegido incentivar a su pueblo prometiéndole algo a cambio.

La promesa inicial de Dios a Abraham fue: «Haré de ti una nación grande, y te bendeciré; haré famoso tu nombre, y serás una bendición» (Génesis 12:2).

¡Guau! ¡Qué motivación para seguir al Señor, si me pregunta!

El escritor de la epístola a los Hebreos nos brinda lo que, quizás, sea la verdadera razón por la cual Moisés dejó una vida de lujos en el palacio de Faraón: «Prefirió ser maltratado con el pueblo de Dios a disfrutar de los efímeros placeres del pecado. Consideró que el oprobio por causa del Mesías era una mayor riqueza que los tesoros de Egipto, porque tenía la mirada puesta en la recompensa» (Hebreos 11:25-26).

Este es el modo en que Jesús incentivó a sus discípulos: «*"Vengan, síganme —les dijo Jesús—, y los haré pescadores de hombres." Al instante dejaron las redes y lo siguieron*» (Mateo 4:19-20).

Jesús podría no haber agregado «y los haré pescadores de hombres», pero lo hizo. Esto los persuadió. También dijo:

«No juzguen, y no se les juzgará. No condenen, y no

se les condenará. Perdonen, y se les perdonará. Den, y se les dará: se les echará en el regazo una medida llena, apretada, sacudida y desbordante. Porque con la medida que midan a otros, se les medirá a ustedes».

(Lucas 6:37-38)

Es absolutamente cierto que debemos estar dispuestos a servir a Dios, sea que nos bendiga o no. Esa fue parte de la razón del libro de Job. Satanás cuestionó si Job, un hombre rico, serviría a Dios, si no fuera bendecido materialmente: «¿Y acaso Job te honra sin recibir nada a cambio?» (Job 1:9). El sufrimiento de Job pronto llegó —con el permiso de Dios y un propósito. Su reacción fue:

«Desnudo salí del vientre de mi madre,
y desnudo he de partir.
El Señor ha dado; el Señor ha quitado.
¡Bendito sea el nombre del Señor!
A pesar de todo esto, Job no pecó ni le echó la culpa a Dios».

(Job 1:21-22)

Más adelante dijo: «¡Que me mate! ¡Ya no tengo esperanza! Pero en su propia cara defenderé mi conducta» (Job 13:15).

Del mismo modo, a los tres jóvenes hebreos que vivían en Babilonia, Sadrac, Mesac y Abed-Nego, les fue ordenado adorar la estatua de oro del rey Nabucodonosor, bajo pena de ser echados al horno. Ellos no se inclinaron. No se arrodillaron. Y no se quemaron tampoco. Pero estaban *dispuestos* a morir. Nabucodonosor quiso saber por qué razón gente como estos tres jóvenes se negarían a hacer algo tan sencillo como inclinarse ante su imagen de oro.

«Sadrac, Mesac y Abed-nego respondieron al rey Nabucodonosor, diciendo: No es necesario que te respondamos sobre este asunto. He aquí nuestro Dios a quien servimos puede librarnos del horno de fuego ardiendo; y de tu mano, oh rey, nos librará. Y si no, sepas, oh rey, que no serviremos a tus dioses, ni tampoco adoraremos la estatua que has levantado».

(Daniel 3:16-18)

Esto llevó a una dulce anciana a ponerse de pie en una reunión de oración en Alabama, solo para exhortar: «¿Tienes tú la clase de fe "y si no"?» ¡La clase de fe «y si no»! Dios puede bendecirnos, pero si no, no nos inclinaremos ante los ídolos. Dios nos bendecirá cuando demos, pero si no, daremos, de todos modos. Dios nos bendecirá cuando lo alabemos y adoremos, pero si no, lo alabaremos y adoraremos igualmente.

Por eso debemos estar dispuestos no solo a ser ruidosos en nuestra gratitud a Dios; debemos hacerlo todo el tiempo —lo sintamos o no. Nos bendiga o no.

«Hermanos míos, considérense muy dichosos cuando tengan que enfrentarse con diversas pruebas».

(Santiago 1:2)

«Den gracias a Dios en toda situación, porque esta es su voluntad para ustedes en Cristo Jesús».

(Tesalonicenses 5:18)

«Y todo lo que hagan, de palabra o de obra, háganlo en el nombre del Señor Jesús, dando gracias a Dios el Padre por medio de él».

(Colosenses 3:17)

«Por nada estéis afanosos, sino sean conocidas vuestras peticiones delante de Dios en toda oración y ruego, con acción de gracias».

(Filipenses 4:6)

No puedo decir que siempre disfruto de tomar tiempo para agradecer a Dios o adorarlo y alabarlo. La mayoría de las veces es un esfuerzo nada inspirador, para ser sincero; pero la bendición, a la larga, ha sido incalculable.

Habiendo comenzado a agradecerle al Señor cada mañana por los eventos de la jornada anterior —fui convencido al leer Filipenses 4:6— el sermón de Paul Cain me motivó a hacerlo más. Desde hace ya siete años he tomado quince minutos cada mañana (junto a mi esposa Louise) y diez minutos cada noche antes de acostarme, para cantar al Señor. Cantamos coros e himnos casi todos los días del año y cada nochecita, aún cuando estoy lejos de casa (a menos que tema ser mal entendido por la gente del hotel, o por mis hospedadores).

Más aún: he recibido una unción para la revelación que ha sobrepasado todas mis expectativas. He escrito cerca de una docena de libros durante ese tiempo, que incluyen percepciones que nunca hubiera soñado recibir. Puedo decir mucho de esto, pero solo quiero dar gracias a Dios por bendecirme como nunca antes, y por animarme a medida que yo iba mostrando más y más gratitud. Simplemente, nunca he podido retribuir más que él.

En cuanto a la iglesia, nuestra adoración ha sido revolucionada. Casi me avergüenza admitirlo, pero hasta que Paul Cain predicó ese sermón sobre la adoración, yo había prestado poca atención a esta disciplina en la Capilla. La predicación era todo. Mientras escribo estas líneas todavía lo es, en un sentido, porque creo que ella es central para una adoración que honra a Dios. Pero luego del sermón de Paul Cain, tomamos seriamente el canto y le hemos dado más tiempo a la adoración. En los servicios de la noche, le damos *casi el mismo tiempo* a la adoración que a la predicación. Y además, si de algo sirve (me atrevo a decir), ¡creo que mi predicación ha mejorado también!

En mi libro *In Pursuit of His Glory* [En búsqueda de su gloria] termino diciendo siete cosas que haría si pudiera volver atrás el reloj. Una de ellas es: le daría más tiempo a la adoración, por el hecho de que en mis años previos —tristemente— le presté muy poca atención.

En la Capilla Westminster teníamos una reunión de oración todos los sábados a las cinco menos cuarto. Por unos cinco años no les permití a los participantes que pusieran una petición delante del Señor hasta que hubiéramos agradecido a Dios, por lo menos, diez minutos, por las cosas que había hecho. No era fácil. Tendemos a correr a la presencia de Dios con nuestros petitorios. Le indiqué a la gente que se discipline, absteniéndose de hacer a Dios siquiera una petición, a menos que le hubiéramos agradecido primero, durante esos diez minutos. ¿Agradecerle por qué? Por todo. ¡Todo lo que pueda pensar! Desde la salvación, a un nuevo trabajo; por la sangre de Jesús; desde su creación, hasta la devolución de impuestos. A Dios le gusta eso. Pero es una disciplina. Vale la pena tratar de recordar las muchas cosas que Dios ha hecho por nosotros. ¡Me siento tan avergonzado por todos los años que pasé recibiendo bendición tras bendición, y agradeciendo poco y nada al Señor! Simplemente, tomé su bondad por sentado. Pero ya no más.

¿Le gusta que le agradezcan? ¡Por supuesto que sí! A Dios, también.

En la Capilla Westminster teníamos una campaña anual de recaudación de fondos. Esta era, generalmente, a favor de las causas cristianas británicas. Lo hicimos para evitar tener que juntar una ofrenda casi todas las semanas o para cada ocasión especial. Pero, una vez que la campaña se terminaba, nuestro comité de finanzas se reunía para decidir cómo sería gastado el dinero. Siempre era un tiempo difícil, ya que las necesidades eran muchas. Pero una cosa nos ayudaba a tachar varios ministerios: era si se habían molestado siquiera en escribir una nota y decirnos «gracias», los años anteriores. Ellos podrían haber sido agradecidos. Pero nuestra opinión era que, si no se habían tomado el tiempo para agradecer, tal vez, no necesitaban el dinero. Lo cierto es que la gratitud nos ayudó a decidir a quién seguir dándole y a quién no, ya que habían llegado nuevos pedidos de colaboración.

Lo mismo sucede con nosotros. Podemos decir «de nada» o «ni lo menciones» cuando alguien nos agradece profusamente. ¡Pero, ay de ellos, si no lo hacen! No es fácil no reparar en los desagradecidos.

La excepción son, quizás, nuestros hijos, cuando son pequeños. Podemos decirles: «hay gente en el mundo que tiene hambre y no posee lo que tú tienes», y todo lo demás. Pero es probable que no lo tengan en cuenta hasta que crezcan un poco. Sé que a mí me llevó un tiempo, un largo tiempo poder apreciar lo que tenía.

Cuando estaba en la Capilla Westminster tenía muchos privilegios, entre ellos, poder viajar a donde nunca podría haber ido. He visto una buena parte del mundo: África, China, Australia, Rusia, bastante de Europa y otros lugares. Eso me hizo agradecer de corazón el hecho de haber vivido en Gran Bretaña y Estados Unidos. Cuando uno considera la población mundial, las posibilidades estadísticas de nacer en otro lugar o haber sido criados bajo diferentes circunstancias, uno sabe que es Dios quien hizo que bellos lugares nos hayan tocado en suerte (Salmo 16:6). Por lo tanto, debemos agradecer a Dios por eso.

No hablo de ser injustos o moralistas, y no es mi deseo hacer que ningún lector sienta culpa o remordimiento, pero ¿cuándo fue la última vez que le dijo «gracias» a Dios? ¿Y es agradecido por lo que debe ser más obvio, como ser, dónde y cuándo nació, quiénes fueron sus padres y la forma en que fue criado?

Si alguien dice: «Pero yo tuve malos padres y no tengo nada más que malos recuerdos de mi niñez», yo le respondo: «No está solo». A otros también les ha ocurrido algo tan negativo como lo que usted dice que le sucedió (y a algunos, posiblemente peor). Pero algunas de esas personas se las arreglaron para hacer que esas cosas negativas los motivaran para alcanzar cosas que, de otro modo, ni siquiera hubieran soñado lograr. Hay muchas personas que lucharon para llegar a la cima y que vencieron cada obstáculo concebible en el camino, ¡y viven para decir que están agradecidos por las mismas cosas que una vez odiaron! Dios transforma lo negativo en positivo, y una forma en que lo hace es dándonos un gran deseo de realizarnos. Esos logros provienen de la ambición, que, a su vez, proviene de las peores condiciones y situaciones imaginables. El resultado es que esas personas tienen más razones que nunca para estar agradecidos.

Yo mismo he vivido lo bastante como para apreciar a mi padre más que nunca. Él tenía sus fallas. Entre ellas estaba su manera de exigir una cierta medida de celeridad y superación. Recuerdo cómo se paraba en la puerta a las 11:05 p.m. con su reloj en su mano y decía: «Estás cinco minutos atrasado». ¡Eso me enfurecía tanto! Me iba a mi habitación frustrado. ¡Cinco minutos tarde! Pero, una consecuencia buena de esa clase de conciencia del tiempo es que me ha hecho bueno para cosas tales como la puntualidad, parar de predicar cuando se acabó el tiempo, ¡y hacer que la reunión de los diáconos finalice más pronto de lo que nadie puede recordar! Y, en cuanto al sentido de superación, recuerdo venir todo el camino de la escuela a casa llorando porque saqué ocho A y dos B en mis calificaciones. Sabía que mi papá se fijaría solo en las dos B. Y tenía razón. Dijo: «Si trabajas duro, podrás levantar esas dos B a A la próxima vez». Y tenía razón. Lo hice. De hecho, en el próximo boletín de calificaciones tenía diez A (aunque algunas eran A). ¿Qué piensan que mi padre miró?

Pero no estaría donde me encuentro hoy, humanamente hablando, si no hubiera sido porque me padre me inculcó un deseo de hacer lo mejor. Cada punto fuerte tiene una debilidad que generalmente se conecta entre sí. Pero estoy agradecido por mi padre.

Más que nada, él me enseñó a orar. Mis primeros recuerdos de él son verlo de rodillas antes de irse a trabajar, cada día. Él decía que Gene Phillips —su viejo pastor en Ashland, Kentucky— insistía en que cada miembro de la iglesia debía orar treinta minutos al día, y mi papá lo tomaba muy en serio. El resultado, estoy casi seguro, fue que tenía una vida de oración más fuerte que muchos ministros y líderes eclesiásticos. El ejemplo de mi papá me infundió un deseo de orar también.

¿Por qué agradecer a Dios?

Como adolescente pasaba, al menos, quince minutos de rodillas antes de ir al colegio. En ese entonces no sabía que eso era poco común. Pero ahora, cincuenta años más tarde, pienso que yo mismo he insistido a los miembros de la Capilla Westminster a orar, por lo menos, treinta minutos diarios, y eso tiene su origen en un padre con el cual fui particularmente desagradecido durante mucho, mucho tiempo. ¡Pero eso cambió!

Estoy agradecido hoy. Quiero recuperar esos años en los que di tantas cosas por sentado. Estoy muy agradecido por una esposa bella y devota, por un maravilloso hijo y nuera y por mi hija. Sinceramente, trato de no tomar nada por sentado hoy. Nada que pueda recordar. Y lo gracioso es que la reacción de Dios, en respuesta a mi gratitud, es bendecirme aún más. Michael Levitton, quien nos ayudó a comenzar nuestros cultos del mediodía en la Capilla Westminster, decía: «Dios no puede resistir la alabanza», lo cual significaba que el Señor envía bendición tras bendición, cuando pasamos tiempo alabándolo y adorándolo.

¿Pero eso no hace de la gratitud algo egoísta? ¿No es una motivación sutil e inconsciente para manipular a Dios? ¿Y Dios no verá más allá de esas motivaciones?

No se preocupe. Por supuesto que él nos «tiene calados», y sabe en qué andamos. ¿Pero qué supone usted que él prefiere: al que debería estar agradecido y no lo demuestra, o al que está agradecido y lo muestra? Él honra nuestra gratitud, aún si está mezclada con motivaciones impuras.

¿Quién de nosotros tiene motivos totalmente puros y no ambiguos en *todo* lo que hace? Yo no. ¡Y dudo que usted tampoco los tenga! He tenido gente aplaudiéndome por estar en la calle Victoria cada domingo a la mañana: «Admiro lo que hace. Pienso que es maravilloso. Debería haber más como usted». Lo que ellos no saben, primero, es que Dios me puso una pistola en la cabeza para que lo hiciera y, segundo, podía ver la Capilla llenarse, si yo seguía adelante. Lo segundo nunca ocurrió. No puedo insinuar ni por un momento que lo que he hecho como *Llama Piloto* (así se llamaba nuestro programa de evangelismo callejero) era extraordinariamente bueno. Pero Dios nos bendijo al hacerlo. No cambiaría por nada toda la bendición que resultó ser para la Capilla y para mí. La unción que emanaba de la obediencia de ser una *Llama Piloto* valió cada pequeño sacrificio y pérdida de orgullo al poder ser vistos como fanáticos religiosos. Mis motivaciones eran ambiguas, es cierto, pero Dios nos bendijo igualmente. Fue, en mi opinión, lo que salvó a la Capilla Westminster de ser una iglesia formal, de clase media tradicional que afectaba solo a cierto «tipo» de gente. Salvó a la Capilla de quedar satisfecha consigo misma, mientras esperábamos un avivamiento.

Yo tengo una teoría sobre el Domingo de Ramos, y la revelaré brevemente. La multitud alababa a Dios por motivos impuros, motivaciones egoístas y razones equivocadas. Pero, de todos modos, Dios amaba lo que ellos hacían. A Dios le encanta cuando nuestros «labios rebosan de alabanza» (Salmo 119:171). Estar dispuestos a ser acusados de fanáticos cuando se trata de agradecer a Dios. ¡Esa clase de fanatismo se justifica!

No podemos dar más que el Señor. No podemos alabar más que el Señor. Michael Levitton está en lo cierto: «¡Dios no puede resistir la alabanza!». Como Jesús no pudo resistir ver una viuda llorar por haber perdido su único hijo, y lo levantó de la muerte (Lucas 7:13-14), así, también, Dios se involucra cuando comenzamos a alabarlo. Y nos bendice. No tiene que hacerlo. Después de todo, solo estamos cumpliendo con nuestro deber. Pero siempre lo hace —más tarde o más temprano, de un modo o de otro.

Capítulo 4

Cuando resulta difícil demostrar gratitud

«Tú que me has dado tanto,
Dame una cosa más: un corazón agradecido;
Que no sea agradecido cuando a mí me plazca,
Como si tus bendiciones tuvieran días de sobra;
Pero un corazón tal, cuyos latidos sean tus alabanzas».
(George Herbert, 1593-1633)

Al escribir este capítulo, personalmente no siento deseos de alabar a Dios. Escribo estas líneas en un momento de gran prueba. Tal es esta que nunca podré revelar los detalles —ni siquiera dar una pista de su naturaleza.

Hace poco prediqué, una vez más, acerca de Filipenses 4:6: *«No se inquieten por nada; más bien, en toda ocasión, con oración y ruego, presenten sus peticiones a Dios y denle gracias».* Justo antes de la reunión, le dije a Louise: «Hoy me voy a predicar a mí mismo, necesito esta palabra más que nadie». El énfasis estaba puesto en no preocuparse. Cuando el Señor dice «no se inquieten por nada» pero yo estoy ansioso, solo puedo entender que estoy en algún nivel de desobediencia. Nada que sea escandaloso, pero, pecado al fin. Por lo tanto, oro para que Dios me ayude a no estar preocupado.

Sin embargo, agradecer a Dios es algo que puedo hacer siempre. Todo lo que tengo que hacer es mirar a mi alrededor, pensar un poquito y contar las bendiciones. Debo esforzarme para hacerlo. Lo siento, pero es la manera de hacerlo.

Me preocupo demasiado. John Wesley dijo: «Tan pronto como maldijera me preocuparía». Nunca estoy realmente tentado a maldecir o insultar, aunque esté preocupado. Sin duda, Wesley era mucho más espiritual que yo. Preocuparse es pecado. No, como un escándalo que causa vergüenza en la Iglesia, pero es suficiente para contristar y ahuyentar a la paloma del Espíritu Santo. Esto se debe a que la incredulidad se asienta. La preocupación es una falta, al no confiar en Dios como debiéramos.

Quise continuar escribiendo este capítulo en este momento de prueba porque todos saben que no soy perfecto. Debí haberlo escrito mientras estaba pasando por un buen momento (Hebreos 13:15-16 tendría que estar en alguna parte de este libro). Debí haberlo escrito cuando estaba en el mejor momento, cuando no sentía dolor y cuando tenía el «viento a favor», como se dice. Pero creo que escribir un capítulo como este cuando todo está bien mostraría un poco de insensibilidad. Incluso, debiera ser ético y condescendiente conmigo porque cuando nos sentimos bien, tendemos a olvidar lo que es sentirse mal. Y al olvidarlo, podríamos decirnos uno a otros con poca sinceridad: «¡Anímate! Todo va a estar bien».

Jesús sabía que iba a resucitar a Lázaro cuando María y Marta lloraban desconsoladamente (Juan 11:21; 32-3). Jesús podría haber dicho: «Ya basta. Paren de llorar y gritar desconsoladamente porque levantaré a su hermano de entre los muertos». Pero Jesús no lo hizo. Simplemente lloró junto con ellas (Juan 11:35).

También sé que me sentiré mejor, tal vez, pronto. Pero el futuro inmediato parece sombrío. Decidí escribir para poner a prueba la frase «sacrificio de alabanza». No, para animarme o comenzar a explicar acerca de lo que trata el libro y así demostrar a los lectores de qué brillante manera vivo lo que predico. Solo quería recordarme a mí mismo que, tal vez, haya algún lector que piense que el autor de este libro está permanentemente en lo alto de la montaña alabando a Dios y exhortando al mundo a llevarse bien. No quiero que ni una línea de este libro llegue a ustedes de esa manera.

¿Qué *hago* cuando me encuentro en ese estado? ¿Elijo un himno y comienzo a cantar? Tal vez. ¿Recurro a los salmos? Tal vez. La versión Reina Valera de la Biblia traduce Santiago 5:13: «*¿Está alguno alegre? Cante alabanzas*». Mi propia experiencia me ha demostrado que recurro a los salmos cuando estoy triste, no, alegre. También, resulta más fácil cantar alabanzas cuando estamos alegres. Y ciertamente debemos cantar de esa manera cuando estamos alegres.

Pero cuando Pablo dice: «*Den gracias a Dios en toda situación, porque esta es su voluntad para ustedes en Cristo Jesús*» (1 Tesalonicenses 5:18), tengo la sospecha de que quiere decir que no esperemos a estar alegres para dar gracias a Dios. Dios quiere que le demos gracias, aun cuando estamos tristes. Seguramente Santiago también quiso decir lo mismo: «Hermanos míos, considérense muy dichosos cuando tengan que enfrentarse con diversas pruebas» (Santiago 1:2).

Cuando estoy triste, pero de igual manera, sigo alabando a Dios, hago algo que tiende a ir en contra de lo natural. No quiero llamarlo un milagro. Porque, después de todo, un milagro es algo *sobrenatural* («por encima» de lo natural) y por definición, desafía una explicación natural. Por lo tanto, reconozco que alabar a Dios cuando estoy triste y ansioso no es nada milagroso. Pero, aún así, va en contra de lo natural. Esto agrada a Dios. Demuestra que confío en él tanto cuando estoy en el valle como cuando estoy en lo alto de la montaña y la fe llega más fácilmente.

No recibo una nueva luz de entendimiento con frecuencia, cuando estoy predicando. Desearía que así fuera, ya que no hay nada como eso para un predicador. Gran parte de mi entendimiento lo recibo mientras preparo mis prédicas. Pero una noche, mientras predicaba acerca de Juan 11, el Espíritu Santo me llevó a leer Juan 11:14-15: «Por eso les dijo claramente: "Lázaro ha muerto, y por causa de ustedes me alegro de no haber estado allí, para que crean. Pero vamos a verlo"».

En una fracción de segundo vi lo que Jesús quiso decir: el hecho de no responder al pedido de María y Marta para que sanara a Lázaro no tenía sentido para ninguna persona de esa época. Pero les dio a los discípulos una oportunidad para ejercitar la fe, cuando, de otra forma, no la hubieran tenido. En otras palabras, si Jesús hubiera escuchado el pedido de María y Marta y hubiera ido a sanar a su hermano enfermo, habría tenido sentido para los doce. Todos ellos sabían que Jesús estaba orgulloso de Lázaro. Además, no cruzó por la mente de María y Marta el hecho de que Jesús no hiciera nada, salvo ir a Betania tan rápido como un rayo y evitar que su hermano muriera.

Pero Jesús apareció cuatro días después del funeral. Marta estaba perpleja. «Señor», le dijo Marta a Jesús, «si hubieras estado aquí, mi hermano no habría muerto» (Juan 11:21). María también estaba muy apenada: «Cuando María llegó a donde estaba Jesús y lo vio, se arrojó a sus pies y le dijo: "Señor, si hubieras estado aquí, mi hermano no habría muerto"» (Juan 11:32). Ninguna de las hermanas podía entender la decisión deliberada y consciente de Jesús de permitir que Lázaro muriera.

Había dos razones por las que Jesús permitió que Lázaro muriera. La primera era que Jesús pensaba que levantar a Lázaro de entre los muertos era mejor idea que evitar que muriera. La segunda era que todas las partes intervinientes tuvieran la oportunidad de demostrar fe verdadera —es decir, demostrar que todavía confiaban en el Señor, aunque nada tuviera sentido. Por eso Jesús dijo: «Esta enfermedad no terminará en muerte, sino que es para la gloria de Dios» (Juan 11:4).

Según Hebreos 11:1, la fe, para ser fe, es creer sin evidencia empírica. «Ahora bien, la fe es la garantía de lo que se espera, la certeza de lo que no se ve» (Hebreos 11:1). Cuando vemos la evidencia completa, entonces, deja de ser fe verdadera. «Ver es creer» dice el mundo. Pero la Biblia dice que si ves, ya no es fe.

Todos veremos a Jesús en su segunda venida. «¡Miren que viene en las nubes! Y todos lo verán con sus propios ojos, incluso, quienes lo traspasaron; y por él harán lamentación todos los pueblos de la tierra. ¡Así será! Amén» (Apocalipsis 1:7). Tal vez piensen: «Ahora creo». Pero ver no es creer en el sentido en que la Biblia califica lo que significa *fe*. La fe, para ser fe, es creer y aún no ver. Este preciso punto se ve en la escena de la crucifixión de Jesús. «Que baje ahora de la cruz ese Cristo, el rey de Israel, para que veamos y creamos» (Marcos 15:32). Para ellos habría sido creer, pero no era así, según Dios. Por lo tanto, si Jesús hubiera consentido y hubiera bajado de la cruz, les habría robado la oportunidad de creer de una buena vez. Si así lo hubiera hecho, les habría quitado la posibilidad de la fe verdadera para siempre. Fue por el bien de ellos que esos clavos permanecieron en su lugar.

El mismo principio se observa en la resurrección de Lázaro: Jesús les dijo a sus discípulos: «y por causa de ustedes me alegro de no haber estado allí, para que crean» (Juan 11:15).

Lo más cerca que estamos del problema de la maldad es la verdad inherente que se encuentra en Juan 11:15. La eterna pregunta del mal —«¿por qué Dios permite la maldad y el sufrimiento?— no se puede responder ni conocer en esta vida. Es la pregunta más difícil de todas. Si la gente cree que es inteligente porque de repente se le ocurre esta tremenda pregunta: «si Dios es todopoderoso y todo misericordioso, ¿por qué permite el sufrimiento?», debería darse cuenta de que es por su propio bien que no encuentra la respuesta. Dios nos hace un favor —un favor infinito— al no respondernos esta antigua pregunta teológica y filosófica.

En una palabra: Dios no nos responde las preguntas por nuestro bien. Es misericordia. Significa que todavía tenemos una oportunidad para creer, para demostrar fe verdadera. Porque Dios eligió decretar que las personas serán salvas solo por fe o, de lo contrario, se perderán eternamente. En su sabiduría determinó que su pueblo fueran personas de fe. «Ya que Dios, en su sabio designio, dispuso que el mundo no lo conociera mediante la sabiduría humana, tuvo a bien salvar, mediante la locura de la predicación, a los que creen» (1 Corintios 1:21). Dios desea personas que crean sobre la base de su Palabra, no, en la evidencia externa. Dios desea personas que confíen en él sin obtener todas las respuestas a sus preguntas, incluso, personas que crean en él, cuando parece que nada tiene sentido.

Un día Dios dará a conocer su nombre. Lo hará de una manera tan brillante, completa y certera que nuestra boca se callará para siempre. Será la vindicación total de Dios mismo. Pero, también, será la destrucción eterna de aquellos que esperaron hasta ese momento para obtener la respuesta a su pregunta. Porque ver no es creer.

¡Esto me dice que cuando estoy mal y triste y enfrentando un futuro con mucha ansiedad tengo una oportunidad excelente para creer! Así es cómo, ahora mismo, puedo agradar de verdad a Dios. «En realidad, sin fe es imposible agradar a Dios, ya que cualquiera que se acerca a Dios tiene que creer que él existe y que recompensa a quienes lo buscan» (Hebreos 11:6).

A Dios le agrada que lo alabe cuando estoy triste. Eso demuestra que confío en su Palabra y que lo amo, aun cuando él no haga todo lo que yo quiero. Es una oportunidad maravillosa para la bendición: ¡solo creer! También se lo llama «sacrificio de alabanza» (Hebreos 13:15). Porque es un sacrificio alabar a Dios cuando no tenemos ganas. Sacrificamos sentimientos, sacrificamos placeres, sacrificamos tiempo, solo para alabar. Y cuando no tenemos ganas, cuando estamos mal, demostramos un verdadero sacrificio de alabanza. De hecho, cuanto peor estamos, mejor es la oportunidad de demostrar a Dios un sacrificio de alabanza. Por eso Dios se complacía al escuchar a Job decir: «He aquí, aunque él me mate, en él esperaré» (Job 13:15 RV).

La epístola de los Hebreos dice mucho acerca de los sacrificios. Se refiere, mayormente, a los sacrificios de animales. El sistema de sacrificios del Antiguo Testamento estaba diseñado para demostrar la seriedad del pecado y lo costoso que sería para Dios perdonar. Por eso el sacrificio de animales en el Antiguo Testamento apuntaba hacia el último y máximo sacrificio: cuando Dios dio a su Hijo unigénito para que muriera en la cruz (Juan 3:16).

Pero, a veces, la palabra «sacrificio» se utiliza respecto a lo que *nosotros* debemos renunciar. Aunque el significado principal de «sacrificio» se refiere a matar los animales para aplacar la justicia de Dios, también quiere decir renunciar a algo por el bien de otra cosa más importante. De ahí que Pablo dijo: «*Por lo tanto, hermanos, tomando en cuenta la misericordia de Dios, les ruego que cada uno de ustedes, en adoración espiritual, ofrezca su cuerpo como sacrificio vivo, santo y agradable a Dios*» (Romanos 12:1). Pedro dijo que ofrezcamos «sacrificios espirituales que Dios acepta por medio de Jesucristo» (1 Pedro 2:5). Pablo estimó los regalos de parte de los filipenses como «una ofrenda fragante, un sacrificio que Dios acepta con agrado» (Filipenses 4:18). David dijo: «Te ofreceré un sacrificio de gratitud e invocaré, Señor, tu nombre» (Salmo 116:17).

Cuando nos tomamos el tiempo de alabar a Dios, sacrificamos tiempo. Todos podemos pensar en cosas que tendríamos que estar haciendo. Es más fácil mirar televisión que tomarse el mismo tiempo para alabar a Dios. ¿Qué es más fácil: mirar nuestro programa de televisión favorito durante media hora o alabar a Dios durante media hora? Alabar a Dios durante media hora es un sacrificio de tiempo, de placer, de nuestros deseos, y, posiblemente, de nuestro temperamento. ¡No es fácil!

Y cuando estamos mal, cuando el panorama es sombrío y estamos ansiosos, es doblemente más difícil alabar a Dios. Pero a Dios le agrada. Creo que le agrada más que nunca. Él ve lo que sentimos, a qué estamos renunciando y contra qué estamos peleando.

¿Estás mal en este momento, al leer estas líneas? Este capítulo es para ti. Y si en este momento no te sientes deprimido ni ansioso, supongo que necesitarás recordar bien este capítulo en el futuro. Pablo dice que es solo cuestión de tiempo hasta que tengamos que enfrentar la prueba y la duda: «para que nadie fuera perturbado por estos sufrimientos. Ustedes mismos saben que se nos destinó para esto» (1 Tesalonicenses 3:3). «Porque a ustedes se les ha concedido no solo creer en Cristo, sino también sufrir por él» (Filipenses 1:29). «Así que les pido que no se desanimen a causa de lo que sufro por ustedes, ya que estos sufrimientos míos son para ustedes un honor» (Efesios 3:13).

No solo a Dios se debe demostrar gratitud. Debemos recordar demostrar agradecimiento a las personas. Pablo dijo:

«Estoy en deuda con todos, sean cultos o incultos, instruidos o ignorantes. De allí mi gran anhelo de predicarles el evangelio también a ustedes que están en Roma» (Romanos 1:14-15). Pablo demostraba su gratitud mediante sus actos. Su máxima gratitud era obviamente hacia Dios, pero no ignoraba la manera en que Dios lo bendecía por medio de las demás personas. Lea Romanos 16. ¡Está escrito en gran parte para agradecer a las personas! Pablo quería demostrar cuán agradecido era, mediante sus actos. Todos les debemos algo a las personas que nos han ayudado. Tal vez, no nos sea posible demostrárselo a ellos mismos, aunque quisiéramos; pero podemos obrar como ellos y hacer el bien a los demás.

¡Les estoy tan agradecido a los maestros y predicadores que me formaron! Mi primer pastor fue el Rev. Gene Phillips. Nunca sabrá cómo su vida impactó la mía durante mis primeros años. Podría continuar nombrando personas cuyas vidas hicieron que quisiera orar cada vez más. Siempre he querido que estuviera vivo Clyde Francisco, un profesor de Antiguo Testamento del Southern Baptist Theological Seminary [Seminario Teológico Bautista del Sur]. He querido contarle cuánto han significado para mí sus comentarios. Y agradezco a estos hombres aún más por vivir una vida que los honraba.

Por eso, ha sido mi costumbre agradecer a las personas, de ser posible, cuando aún siguen con vida. «El que recibe instrucción en la palabra de Dios, comparta todo lo bueno con quien le enseña» (Gálatas 6:6). «Hermanos, les pedimos que sean considerados con los que trabajan arduamente entre ustedes, y los guían y amonestan en el Señor» (1 Tesalonicenses 5:12-13). A la gente le gustan los cumplidos. A mí, también. ¿No le gustan a usted? Diga, cuando ellos son una bendición para usted. Quizá, sea la primera vez que alguien se haya tomado un momento para agradecerlos. ¡Su palabra amable de apreciación, tal vez, llegue a esa persona después de un mal día y la anime!

Durante el verano de 1963, le escribí una carta al Dr. Martín Lloyd-Jones. Nunca imaginé que lo conocería algún día, y, mucho menos, que sería uno de sus sucesores de la Capilla Westminster. Lo hice, debido a un libro que cambió mi vida y ministerio: *El sermón del monte*. Me respondió inmediatamente y nunca olvidaré sus palabras: lo que yo le había escrito «realmente reconfortó mi corazón». ¡Estaba sorprendido de que me hubiera contestado! ¡Pero ahora él me estaba demostrando agradecimiento!

Durante el tiempo en que estuve escribiendo este capítulo, me desperté una mañana con vértigo (una sensación de mareo que me dificultaba caminar). No estoy seguro de la causa. Traté muchísimo de leer mi Biblia y orar con mis listas de oración. Louise y nuestra hija Melissa pusieron sus manos sobre mí y oraron. Tristemente, me sentí solo un poquito mejor. Esto sucedió un sábado. Debía estar en la iglesia para nuestro ministerio *Llama Piloto*. El mismo día, *Christian Deaf Link* [Unión de sordos cristianos] estaba utilizando las instalaciones de la iglesia y me habían pedido que los dirigiera. Yo estaba luchando contra la autocompasión y tratando de llegar a la iglesia, con muchas dificultades.

Pero después, ¡me sentí tan avergonzado al mirar cientos de personas sordas cantando! No, porque los escuchara, porque apenas podía hacerlo, mientras cantaban en lengua de señas. Era maravilloso. La jovencita que los guiaba se dejaba llevar por el gozo que sentía. Me di cuenta de lo afortunado que era al poder oír y hablar. El vértigo había disminuido solo un poquito, pero no se comparaba con no poder oír ni hablar y solo tener la habilidad de cantar en lengua de señas. Me dije: «si estas personas pueden alabar a Dios aun con su discapacidad, ciertamente puedo hacer lo mismo con esta sensación de mareo —una situación temporaria que no puede compararse con su discapacidad». Decidí alegrarme y adorar y alabar a Dios. No tenía muchas ganas de hacerlo, pero sentía que tenía mucho por lo que estar agradecido.

Da la casualidad que la situación en la que me encontraba al comenzar a escribir este capítulo no ha cambiado. Mis sentimientos, tampoco, pero escribí este capítulo durante este tiempo de práctica para demostrarme a mí mismo que debo hacer lo que predico. Creo que me siento un poquito mejor. Determiné no olvidarlo nunca más, si Dios me vuelve a levantar. Nunca debo olvidar que muchos, a mi alrededor, también están mal, y muchos se encuentran en circunstancias aún peores, pero siguen adelante. Esto hace más fácil demostrar gratitud.

Capítulo 5

Tan solo recordar

Algunos psicólogos dicen que nunca olvidamos. Esto nos sorprende y despierta curiosidad para muchos de nosotros. Olvidamos los nombres de las personas, olvidamos fechas y olvidamos lo que le prometimos a alguien que haríamos. La verdad es, según dicen estos psicólogos, que la mente almacena lo que sucedió, pero no necesariamente recordamos las cosas, hasta que se nos recuerda claramente lo que pasó.

Una de las cosas que harán que el infierno sea infierno es que la gente mantendrá sus recuerdos allí. Desearíamos que no fuese cierto; pero, en Lucas 16, Jesús dio la parábola del rico y Lázaro, el mendigo a su puerta, en parte, para mostrar que los recuerdos de las personas estarán intactos en el infierno. La historia es ésta: Lázaro fue al cielo acompañado por una escolta angelical que lo guió al seno de Abraham. El hombre rico muere, es enterrado y está en el tormento del infierno. Él no encontraba alivio pero, como si eso no fuera suficiente, en el infierno, además, recordaba la clase de vida que había vivido en la tierra. «Pero Abraham le contestó: "Hijo, recuerda que durante tu vida te fue muy bien, mientras que a Lázaro le fue muy mal; pero ahora a él le toca recibir consuelo aquí, y a ti, sufrir terriblemente"» (Lucas 16:25). El rico estaba entonces atormentado, no solo por el fuego del infierno, sino por la inhabilidad de reprimir lo que él sabía que era verdad.

La represión es un mecanismo de defensa por el cual nos negamos a lo que es doloroso. Lo empujamos hacia nuestro subconsciente con la esperanza de que estará fuera de nuestras mentes para siempre. Aquellos que sufren a menudo pasan por un tiempo de negación. La gente reprime los sentimientos de culpa. Nos las arreglamos para arrastrar todo lo doloroso a un lado, para poder seguir adelante con nuestras vidas (ya sea el temor a la muerte, la enfermedad, el resultado de un análisis o lo que dijimos a alguien y que puede haber dañado sus emociones). La represión no es casi nunca algo bueno. Por un lado, nunca tendremos completo éxito en nuestro intento de vivir en negación. Podemos llegar a creer que mandamos nuestro dolor al sótano de nuestro subconsciente, pero puede aflorar en el ático como presión sanguínea alta, artritis, insomnio o irritabilidad. Es mucho mejor enfrentar lo real y verdadero, aquí y ahora.

Algunas veces, reprimimos las cosas buenas que otros hacen por nosotros porque nos da vergüenza. Tener que considerar lo bueno, a veces, es doloroso. Tememos sentirnos obligados o sentir que no sabemos mostrar aprecio adecuadamente, como en el caso de nuestros amigos Skip y su esposa Diane. ¡Decir «gracias» parecía tan insuficiente!

Podemos preguntarnos momentáneamente: «¿Quién soy yo para ser tan bendecido?», pero evitar la responsabilidad de la gratitud y atribuírselo a cosas como la suerte o la casualidad, o planear hacer algo lindo por la persona que fue tan buena con nosotros. Hace poco me senté a la mesa con un amigo querido. Cuando me preguntó de qué se trataba mi último libro, traté de explicarle que era sobre ser agradecidos. Una persona replicó inocentemente: «Muchos de nosotros encontramos difícil expresar nuestra gratitud».

Uno de los lemas de los Servicios Aéreos Especiales —la elite de las fuerzas armadas británicas— es: «Nunca quejarse, nunca explicar, nunca pedir disculpas». Lo encuentro bastante interesante, pero triste. Y, aun así, se encuentra en el carácter de algunas de las mejores personas que he conocido. Algunos sienten poca necesidad de mostrar gratitud, excepto por el mecánico «muchas gracias» que dicen para sacarnos de encima de allí en más. Simplemente, no les gusta *sentirse* obligados; con nadie.

Pablo era honesto en cuanto a sentirse obligado. Él dijo que lo estaba (que «estaba en deuda», Romanos 1:14) con los griegos y no griegos. No tenía vergüenza de expresar lo agradecido que estaba, sea a los filipenses por su apoyo económico (Filipenses 4:10-19), a los tesalónicos por su obediencia (1 Tesalonicenses 1:3; 2:13), a Onesíforo por no darse por vencido hasta hallar a Pablo (2 Timoteo 1:17), a los efesios por su fe y amor (Efesios 1:15-16), a Filemón por su amor por los cristianos (Filemón 4-5), por algunos hermanos que visitaron a Pablo para animarlo cuando iba de camino a Roma (Hechos 28:15), y, como vimos anteriormente, a una larga lista de otros que habían sido de bendición para él (Romanos 16:1-16).

Moisés advirtió a la antigua Israel acerca de olvidar. Olvidarse de ser agradecidos y de expresar gratitud es posiblemente la cosa más fácil de hacer en el mundo. Moisés sabía que había muchas cosas buenas por delante para Israel: ciudades prósperas que ellos no habían edificado, casas llenas de cosas buenas que ellos no habían provisto, pozos que no habían cavado, viñas y olivares que no habían plantado. Por lo tanto, agregó: «Cuídate de no olvidarte del Señor, que te sacó de Egipto, la tierra donde viviste en esclavitud» (Deuteronomio 6:12).

La gratitud se enseña. Moisés estaba decidido a producir una nación agradecida. «¿Qué otra nación hay tan grande como la nuestra? ¿Qué nación tiene dioses tan cerca de ella como lo está de nosotros el Señor nuestro Dios cada vez que lo invocamos? ¿Y qué nación hay tan grande que tenga normas y preceptos tan justos, como toda esta ley que hoy les expongo?» (Deuteronomio 4:7-8). Estas cosas podían tomarse por sentado de tal modo que el pueblo podía olvidarse de agradecerlas. Uno puede, incluso, acostumbrarse tanto a lo sobrenatural que deja de deslumbrarnos. Lo encuentro increíble. ¿Cómo podemos olvidarnos? Sí, dice Moisés: «¡Pero tengan cuidado! Presten atención y no olviden las cosas que han visto sus ojos, ni las aparten de su corazón mientras vivan. Cuéntenselas a sus hijos y a sus nietos» (Deuteronomio 4:9).

Moisés temía que ellos se olvidaran del pacto que Dios había hecho con ellos (Deuteronomio 4:13) cuando estuvieran comiendo, cual nunca antes en sus vidas, en la tierra que fluía leche y miel: «Pero ten cuidado de no olvidar al Señor tu Dios. No dejes de cumplir sus mandamientos, normas y preceptos que yo te mando hoy» (Deuteronomio 8:11). El peligro de la prosperidad es que el corazón se enorgullece y podemos «olvidar al Señor» (Deuteronomio 8:14).

Las consecuencias de olvidarnos pueden ser horrendas: «Si llegas a olvidar al Señor tu Dios, y sigues a otros dioses para adorarlos e inclinarte ante ellos, testifico hoy en contra tuya que ciertamente serás destruido» (Deuteronomio 8:19).

Por ello Dios advierte que Israel nunca debe olvidar cómo provocaron al Señor en el desierto, porque la ira de Dios sobre ellos fue fuerte.

¿Puede recordar alguna vez en que Dios se enojó con usted? Yo sí. La revelación de su ira es la cosa más aterradora debajo del cielo. Yo sé lo que es recibir una alerta por parte del Señor. Sé lo que es sentir ese «furor» (Salmo 6:1). Es una clase de castigo severo que a nadie le gustaría experimentar. Pero yo lo he experimentado, y he orado que nunca más fuera tan necio como para olvidarlo.

La prosperidad puede traer como consecuencia el hacernos olvidar. La buena salud es algo que muchos aceptamos sin pensarlo. Un trabajo, un lugar donde trabajar, un buen salario, son cosas que uno puede comenzar a tomarlas como obvias.

El mensaje de este libro es: no se olvide de ser agradecido. Agradezca a Dios por el aire que respira. Agradézcale por el sol y también por la lluvia. Agradézcale por la comida que tiene para comer. Agradézcale por la ropa, por una cama tibia a la noche y por el abrigo.

Si Dios lo prospera, él le está dando un gran honor: el de ser agradecido y demostrarlo. ¡Entonces, dígaselo!

> «Alaba, alma mía, al Señor,
> y no olvides ninguno de sus beneficios».
> (Salmo 103:2)

David enumera todos los beneficios recibidos: perdón de todos sus pecados, sanidad de todas sus enfermedades, redimir su vida del hoyo, coronarlo de amor y compasión, satisfacer sus necesidades con bienes, renovar sus fuerzas como las del águila (Salmo 103:3-5).

Una de las evidencias irrefutables de la inspiración divina de los salmos es las repetidas alabanzas a Dios y la amonestación a alabarlo. Solo Dios podría haber inspirado a un ser humano a escribir salmos así. La tendencia más natural en el mundo es olvidarnos de ser agradecidos. El apóstol Pablo, describió a aquellos a quienes Dios ha entregado a una mente reprobada, diciendo que son ingratos (Romanos 1:21-28), pero los salmos están llenos de gratitud y de exhortación para todos nosotros a ser agradecidos. Estas palabras están combinadas con la promesa de no olvidar jamás:

«En tus decretos hallo mi deleite,
y jamás olvidaré tu palabra».

(Salmo 119:16)

«Parezco un odre ennegrecido por el humo,
pero no me olvido de tus decretos».

(Salmo 119:83)

«Jamás me olvidaré de tus preceptos,
pues con ellos me has dado vida».

(Salmo 119:93)

«Mi vida pende de un hilo,
pero no me olvido de tu ley».

(Salmo 119:109)

«Insignificante y menospreciable como soy,
no me olvido de tus preceptos».

(Salmo 119:141)

«Considera mi aflicción, y líbrame,
pues no me he olvidado de tu ley»
(Salmo 119:153)

«Cual oveja perdida me he extraviado;
ven en busca de tu siervo,
porque no he olvidado tus mandamientos»
(Salmo 119:176)

Recordar algunas veces puede salirnos sin ningún esfuerzo — si Dios lo trae a nuestra atención. Cuando Faraón no encontró a nadie para interpretar sus sueño, el copero de pronto se acordó de José: «Entonces el jefe de los coperos le dijo al faraón: "Ahora me doy cuenta del grave error que he cometido"» (Génesis 41:9). Simón Pedro no creyó a Jesús cuando este le dijo: «Te aseguro ... que esta misma noche, antes que cante el gallo, me negarás tres veces» (Mateo 26:34). Pero a las pocas horas un gallo cacareó. «Entonces Pedro se acordó de lo que Jesús había dicho ... Y saliendo de allí, lloró amargamente» (Mateo 26:75). Los dos ángeles en la tumba vacía les recordaron a las mujeres que Jesús sería crucificado pero resucitado al tercer día. «Entonces ellas se acordaron de las palabras de Jesús» (Lucas 24:8). Pedro relató a los líderes de la Iglesia primitiva cómo el Espíritu cayó en la casa de Cornelio y les dijo: «Entonces recordé lo que había dicho el Señor: "Juan bautizó con agua, pero ustedes serán bautizados con el Espíritu Santo"» (Hechos 11:16).

A veces recordamos porque no tenemos otra opción, sino recordar. En el vientre de un gran pez, Jonás dijo: «Al sentir que se me iba la vida, me acordé del Señor, y mi oración llegó hasta ti, hasta tu santo templo» (Jonás 2:7). Siguiendo a las palabras de Jonás 1:17: «El Señor, por su parte, dispuso un enorme pez para que se tragara a Jonás, quien pasó tres días y tres noches en su vientre», Jonás 2:1 comienza diciendo: «Entonces Jonás oró al Señor su Dios desde el vientre del pez». Jonás hizo un voto a Dios (¡como si tuviera otra escapatoria!): «Yo, en cambio, te ofreceré sacrificios y cánticos de gratitud. Cumpliré las promesas que te hice. ¡La salvación viene del Señor!» (Jonás 2:9).

Lo que Dios quiere de nosotros, no obstante, es que recordemos porque *elegimos* hacerlo:

> «Recuerda que durante cuarenta años el Señor tu Dios te llevó por todo el camino del desierto, y te humilló y te puso a prueba para conocer lo que había en tu corazón y ver si cumplirías o no sus mandamientos».
>
> (Deuteronomio 8:2)

> «Recuerda al Señor tu Dios, porque es él quien te da el poder para producir esa riqueza; así ha confirmado hoy el pacto que bajo juramento hizo con tus antepasados».
>
> (Deuteronomio 8:18)

> «Recuerda que fuiste esclavo en Egipto, y que el Señor tu Dios te dio libertad. Por eso te doy ahora esta orden». (Deuteronomio 15:15)

> «Recuerden las maravillas que ha realizado, sus señales, y los decretos que ha emitido».
>
> (Salmo 105:5)

El salmista se propuso recordar:

> «Prefiero recordar las hazañas del Señor,
> traer a la memoria sus milagros de antaño».
>
> (Salmo 77:11)

> «Oh, Jerusalén, Jerusalén,
> si llegara yo a olvidarte,
> ¡que la mano derecha se me seque!
> Si de ti no me acordara,

ni te pusiera por encima de mi propia alegría,
¡que la lengua se me pegue al paladar!».

(Salmo 137:5-6)

Todos queremos ser recordados. Arthur Blessitt, el hombre que ha llevado una cruz de madera por casi todas las naciones del mundo, me dijo que donde sea que va, la gente se acerca y le dice: «Por favor, acuérdese de mí». El mayor gozo en esta conexión es si alguien recuerda nuestro nombre. Yo sé lo que es ganar la amistad de alguien *solo porque* pude recordar su nombre. Un amigo mío que trabaja como capellán en un hospital para gente que sufre desórdenes psiquiátricos, me dijo que hay una señora que transita los pasillos día tras día llorando tristemente: «¿Hay alguien aquí que conoce mi nombre, hay alguien aquí que conoce mi nombre?».

«Pero ahora, así dice el Señor,
el que te creó, Jacob,
el que te formó, Israel:
"No temas, que yo te he redimido;
te *he llamado por tu nombre; tú eres mío*"».

(Isaías 43:1)

No solo eso, sino que Dios nunca olvida lo que hemos hecho. Un versículo en la Biblia que desearía que no estuviera allí es Mateo 12:36: «Pero yo les digo que en el día del juicio todos tendrán que dar cuenta de toda palabra ociosa que hayan pronunciado». Como lo expresaba la vieja canción de negro espiritual que salió del Deep South hace muchos años:

«Él ve todo lo que haces,
Él oye todo lo que dices,
Mi Señor está escribiendo
Todo el tiempo».

(Anónimo)

¡Pero Dios se acuerda de extender su gracia, también! Por eso, en lo positivo está este tierno aliento: «Porque Dios no es injusto como para olvidarse de las obras y del amor que, para su gloria, ustedes han mostrado sirviendo a los santos, como lo siguen haciendo» (Hebreos 6:10). Isaías preguntó: «¿Puede una madre olvidar a su niño de pecho, y dejar de amar al hijo que ha dado a luz? Aun cuando ella lo olvidara, ¡yo no te olvidaré!» (Isaías 49: 15).

Dios promete recordar las promesas que nos ha hecho. Le prometió a Noé que recordaría su pacto y que no destruiría la tierra con un diluvio (Génesis 9:15). Del mismo modo prometió recordar su pacto con Abraham, Isaac y Jacob, y recordar la tierra (Levíticos 26:42). ¡Dios eligió recordar y quiere que nosotros *elijamos* recordar, también!

Juan Calvino dijo que el mejor tipo de oración, el que más toca el corazón de Dios, es recordarle sus promesas. Sé lo que nuestro hijo T.R. me diría: «¡Pero papi, vos lo prometiste!». Eso siempre me toca. Así que lo mismo es con Dios. Él quiere que lo «agarremos» por sus propias palabras. Nehemías oró de este modo (Nehemías 1:8). El salmista oró de la misma forma: «Acuérdate de la palabra que diste a este siervo tuyo, palabra con la que me infundiste esperanza» (Salmos 119:49). Ezequías oró algo similar (Isaías 38:2). Con su misma palabra podemos orar para «no darle tregua» hasta que cumpla nuestro pedido (Isaías 62:7). Oramos igual que Habacuc: «En tu ira ten presente tu misericordia» (Habacuc 3:2).

El libro más deprimente de la Biblia (para mí) es el libro de los Jueces. Las cosas impensables que aquí se describen, muestran que hay un precedente para la peor clase de pecado y maldad. El último verso del libro de los Jueces dice: «En aquella época no había rey en Israel; cada uno hacía lo que le parecía mejor» (Jueces 21:15). O como dice la versión Reina Valera: «Y cada uno hacía lo que le parecía recto ante sus propios ojos». Pero hay una explicación fatídica que yace detrás de toda esta locura; un desatino aún mayor: primero, ellos «se olvidaron del Señor su Dios, que los había rescatado del poder de todos los enemigos que los rodeaban»; y segundo, «también dejaron de mostrarse bondadosos» (Jueces 8:34-35).

La promesa de Dios de recordar su palabra es afirmada una y otra vez:

    «Dios se acordó de Noé».   (Génesis 8:1)
    «Dios ... se acordó de Abraham».   (Génesis 19:29)
    «Dios se acordó de Raquel».   (Génesis 30:22)
    «Dios ... se acordó de su pacto».   (Éxodo 2:24)

    «Se ha acordado de su amor y de su fidelidad
    por el pueblo de Israel;
    ¡todos los confines de la tierra son testigos
    de la salvación de nuestro Dios!».
                                                (Salmo 98:3)

    «Ciertamente Dios se acordó de su santa promesa, la que hizo a su siervo Abraham».
                                                (Salmo 105:42)

    «Demos gracias ... "Al que nunca nos olvida, aunque estemos humillados"».
                                                (Salmo 136:23)

En una palabra: Dios guarda su promesa de acordarse. Él deposita sobre nosotros el honor de acordarnos de ser agradecidos. «Que lo digan los redimidos del Señor, a quienes redimió del poder del adversario» (Salmo 107:2).

Dios bondadosamente nos advierte de no olvidarnos de la gratitud. Lo dice abiertamente: den gracias.

Me acuerdo de cuando conocí a Jackie Pullinger. Fue en Hong Kong. Estaba expectante por ver algo del trabajo que ella estaba haciendo entre los drogadictos. Mi primer recuerdo de estar en su campamento fue ver y oír a casi veinte hombres chinos, que estaban saliendo de las drogas, cantando:

«Den gracias con un corazón agradecido.
Den gracias al Santo.
Den gracias porque nos ha dado
A Jesucristo, su Hijo».

(Henry Smith[3])

Louise y yo nunca cesamos de dar gracias a Dios por la manera en que él ha cuidado y restaurado a nuestros hijos. Tanto T.R. como Melissa pasaron por un tiempo de apartarse de Dios. La gente a veces se sorprende de que este tipo de cosas puedan ocurrirles al hijo o la hija de un ministro. Nuestros hijos solían escuchar personas que se les acercaban y les decían: «¡Qué maravilloso debe ser tener padres como los suyos!» o «¡Qué bendecido eres de ser el hijo (o la hija) del Dr. Kendall!» ¡La verdad es que a veces solo eso era suficiente para hacerlos rebelar! Ellos, más que nadie, sabían que tenían padres imperfectos, y no los bendecía en absoluto que la gente les pusiera la presión de tener que ser cristianos modelo.

Todo pastor sabe las presiones bajo las que sus hijos viven, y todo hijo o hija de ministro sabe lo que es estar bajo el escrutinio constante de gente «santa» y sentirse acomplejados entre sus pares. Es cierto que los niños de algunos líderes de la iglesia son dóciles y nunca se rebelan o cuestionan su fe, ¡aunque no me imagino cómo sería!

Escribo estas líneas, en parte, porque la gente siempre está diciéndonos lo animados que se sienten por la restauración de nuestros hijos. Esas personas no son necesariamente líderes de la iglesia, sino hermanos buenos y fieles que se han sentido afligidos, también, al ver a sus hijos alejarse de la iglesia e incursionar en el mundo. Cuando R.T. y Melissa vivían en casa los hacíamos ir a la iglesia. Ahora miro hacia atrás y recuerdo esos viernes a la noche, en que Melissa era, literalmente, la única joven en la reunión.

---

[3] "Give Thanks", de Henry Smith, copyright © 1978 Integrity's Hosanna! Music /Sovereign Music UK, Casilla de correo 356, Leighton Buzzard, LU7 3PW, UK. Reproducido con permiso.

Desearía que las cosas hubieran sido diferentes. Ella se aburría, viernes tras viernes. Me pongo triste cada vez que pienso en eso. Los mejores amigos de R.T. estaban fuera de la iglesia. Nuestros dos hijos fueron, por cierto, heridos profundamente por gente de la iglesia.

No voy a volver a relatar todo lo que escribí en *In Pursuit of His Glory* [En búsqueda de su gloria], solo decir que admito, al final del libro, que si pudiera volver el reloj atrás, pasaría más tiempo con mi familia. Mis ocupaciones en la Capilla Westminster, sin dudas, contribuyeron a su rebeldía. En ambos casos, ésta vino más tarde, lo cual es siempre más grave, porque las probabilidades estadísticas de ver a los hijos rebeldes volverse al Señor disminuyen, cuando la rebelión se inicia en los veinte años y no, en la adolescencia. ¡Imagínese entonces nuestro gozo y el sentido de deuda que tenemos para con Dios porque nuestros hijos regresaron al camino!

Lo que le ha sucedido recientemente a Melissa es posiblemente más extraordinario. Cuando anunciamos por vez primera nuestro retiro, en enero de 2001 (dándole a la iglesia casi trece meses para buscar a mi sucesor en la Capilla Westminster), T.R. y su reciente esposa, Annette, se acababan de mudar a Florida. Pero Melissa anticipó que se quedaría en Londres. Londres era su hogar. Ella tenía solo tres años cuando nos fuimos a vivir allí, en 1973. La comprendimos, pero queríamos que volviera a los Estados Unidos con nosotros. Missy (como la llamamos a veces) es completamente británica y ama Londres desde los pies a la cabeza. Por eso sabíamos que no era algo menor por lo que teníamos que orar Louise y yo; primero, para que Melissa estuviera dispuesta a ir a Estados Unidos, y segundo, para que hiciera un círculo más amplio de amigos allí (donde no conocía a nadie). En cuanto a Estados Unidos, Melissa decía que solo iría si se trataba de un lugar como San Francisco o Nueva York. El pensamiento de vivir en el sur no la emocionaba en lo más mínimo, pero, peor aún que eso, sería vivir en un área rural en el sur. Sin embargo, ahí es, precisamente, donde ella está mientras yo escribo —y, no van a creerlo—

¡es más feliz que nunca! Imagíneselo. Louise y yo vivimos en Key Largo, Florida. Estamos en el trópico, a una hora al sur de Miami. Pero Melissa está a más de 800 kilómetros hacia el noroeste de nosotros, en el «mango de la sartén» de Florida. Nos lleva diez horas de camino al norte para visitar a Melissa en su nuevo domicilio. Ella vive al final de una calle pavimentada que luego se convierte en un sendero de tierra de una milla, en el profundo sur (muy cerca de la línea estatal de Alabama y a 50 kilómetros de la ciudad más cercana, Panama City). ¡La calle de tierra tiene tantos baches que es necesario bajar la velocidad hasta 3 km/h para poder sobrevivir! Continúo diciéndome: «¿Es este el sentido del humor de Dios? Melissa está viviendo en el lugar más opuesto a Londres que nos podamos imaginar. ¿Qué estará haciendo Dios?». Finalmente alcanzamos una zona donde hay dos construcciones y varias cabañas pequeñas. Sabemos que hemos llegado, por el cartel que dice: BIENVENIDOS AL CAMPAMENTO DE FE —JIM BAKKER.

Ella vive en una pequeña cabaña en los bosques, con Gizmo, el viejo gato de T.R., Jim Bakker le advirtió a Melissa que no dejara al gato afuera, por causa de los caimanes. ¡No es exactamente Picadilly Circus ni Charing Cross Road! Estábamos completamente asombrados del lugar donde vive ahora, pero aún más sorprendidos de verla tan feliz. Estábamos, simplemente, anonadados. Ella trabaja con niños pobres y ayuda a Jim y Lori Bakker en su nuevo ministerio.

Lo que sucedió fue lo siguiente: todas las puertas se cerraron para Melissa en Londres. Dios parecía decirle que, le guste o no, se iba a tener que ir a América. Ella vino un día y nos dijo que le gustaría ir a Estados Unidos con nosotros. Cuando oyó sobre el nuevo ministerio de Jim Bakker, sintió la convicción interior de que era para ella. Resultó que Melissa también fue una respuesta a la oración de Jim. Él lloró cuando escuchó que mi hija quería trabajar allí. Nunca había sido tan necesaria, nunca la habíamos visto tan satisfecha. La mayor felicidad del mundo es hacer la voluntad de Dios.

¡Hablando de respuestas a la oración! Cuando Louise y yo oramos con nuestra vieja lista de oración (la tengo bien guardada, para evitar olvidarme) ahora revisamos las mismas peticiones, una a una, solo para decir: «Gracias, Señor, por la forma en que obraste». La mayoría de ellas han sido respondidas. Nunca nos hemos sentidos tan agradecidos con Dios. Y nos aseguramos de que nunca, nunca jamás nos olvidemos, sino que siempre recordemos decirle cuán agradecidos estamos.

Una y otra vez viene el mandamiento: Den gracias.

«¡Alaben al Señor, proclamen su nombre,
testifiquen de sus proezas entre los pueblos!».

(1 Crónicas 16:8)

«¡Alaben al Señor porque él es bueno,
y su gran amor perdura para siempre!».

(1 Crónicas 16:34)

«Con ellos nombró también a Hemán y a Jedutún, y a los demás que había escogido y designado por nombre para cantar al Señor: "Su gran amor perdura para siempre"».

(1 Crónicas 16:41)

Uno de los mayores reyes del Antiguo Testamento fue Ezequías. «Ezequías puso su confianza en el Señor, Dios de Israel. No hubo otro como él entre todos los reyes de Judá, ni antes ni después» (2 Reyes 18:5). Se dice que «Ezequías tuvo éxito en todas las obras que emprendió» (2 Crónicas 32:30). Parte de la explicación de la grandeza y prosperidad de Exequias, es que él asignó sacerdotes y levitas para ofrecer sacrificios y holocaustos y que «diesen gracias» (2 Crónicas 31:2 RV).

Por eso los salmos están repletos del mandato de dar gracias. Nosotros, sin embargo, necesitamos que se nos recuerde, por lo cual el salmista hace todo lo que está a su alcance para ello:

«Den gracias al Señor, invoquen su nombre;
den a conocer sus obras entre las naciones».

(Salmo 105:1)

«¡Aleluya! ¡Alabado sea el Señor!
Den gracias al Señor, porque él es bueno;
su gran amor perdura para siempre».

(Salmo 106:1)

«Den gracias al Señor, porque él es bueno;
su gran amor perdura para siempre».

(Salmo 107:1)

«Den gracias al Señor, porque él es bueno;
su gran amor perdura para siempre».

(Salmo 118:1)

«Den gracias al Señor, porque él es bueno;
su gran amor perdura para siempre.
Den gracias al Dios de dioses;
su gran amor perdura para siempre.
Den gracias al Señor omnipotente;
su gran amor perdura para siempre».

(Salmo 136:1-3)

«¡Den gracias al Dios de los cielos!
¡Su gran amor perdura para siempre!».

(Salmo 136:26)

    Es cuestión de acordarse. Es tan fácil olvidarnos, pero por lo pronto yo no quiero llegar al final de mis días avergonzándome por no haberme acordado de dar gracias al Señor. ¡Simplemente dígaselo! A él le gusta escucharlo. Nunca nos lamentaremos por hacerlo, y un día escucharemos de los labios de Jesús mismo decir: «Bien hecho». Tenga por seguro que él se acordará de decirlo.

Capítulo 6

Cumplir nuestras promesas

El general Douglas McArthur solía decir que «no hay ateos en las trincheras». Lo que quería decir era que en circunstancias desesperadas la gente tendía a buscar a Dios, aun cuando previamente hubieran profesado no creer en su existencia. Lo cierto es que Dios usa situaciones extremas para llamar nuestra atención. El salmista llamó a Dios «nuestra ayuda segura en momentos de angustia» (Salmo 46:1). Lo maravilloso es que Dios no nos da un sermón o nos avergüenza cuando nos volvemos a él en un tiempo de dificultad, especialmente, cuando el problema fue su propio plan para atraer nuestra atención.

Quiero ver la vida de Jonás en un poco más de detalle. Este histórico profeta fue el objeto del plan de Dios. Eligió desobedecer las instrucciones de Dios de ir a Nínive. Dios dijo: «¡Ve!» y Jonás le dijo: «No». Jonás huyó para Tarsis (España) en un barco, pero descubrió que Dios estaba en el caso. Una tormenta se levantó, y era tan grande que hizo que los marineros tuvieran que echar suertes para ver quién era la causa de una tormenta así. Jonás fue descubierto y tuvo que confesar: «Soy hebreo y temo al Señor, Dios del cielo, que hizo el mar y la tierra firme» (Jonás 1:9).

Ante su insistencia, los marineros lo echaron por la borda. El furioso mar se calmó. «El Señor, por su parte, dispuso un enorme pez para que se tragara a Jonás, quien pasó tres días y tres noches en su vientre» (Jonás 1:17). ¡Recién entonces Jonás oró! (Jonás 2:1). El segundo capítulo de Jonás parece un salmo. Dios le estaba enseñando una lección. Se llama castigo, o disciplina

(Proverbios 3:11-12). Cuando se usa en el Antiguo Testamento, «disciplinar» viene de una palabra griega que significa «aprendizaje forzado»: «Porque el Señor disciplina a los que ama, y azota a todo el que recibe como hijo» (Hebreos 12:6). Jonás aprendió bien la lección. Pronto se dio cuenta de que la desobediencia no era buena compañera: «Los que siguen a ídolos vanos abandonan el amor de Dios» (Jonás 2:8).

Entonces hizo una promesa: agradecer a Dios, si llegaba a salir del vientre del gran pez con vida. «Yo, en cambio, te ofreceré sacrificios y cánticos de gratitud. Cumpliré las promesas que te hice. ¡La salvación viene del Señor!». Desde allí, Jonás tuvo un cambio completo en su corazón, de tal modo que ahora estaba suplicándole a Dios que le diera una segunda oportunidad para arreglar las cosas. La disciplina de Dios surtió efecto. Primero, oraba que no tuviera que ir a Nínive. ¡Ahora estaba orando por una oportunidad para ir allá! Así de efectivo puede resultar el castigo de Dios.

Por lo tanto, Jonás le hizo a Dios una promesa: sácame de este embrollo y yo te estaré agradecido, muy agradecido, por cierto; «te ofreceré sacrificios y cánticos de gratitud. Cumpliré las promesas que te hice» (Jonás 2:9). Cantábamos allí en las colinas de Kentucky: «Dios no nos obliga contra nuestra voluntad, sino que nos hace ir voluntariamente».

En pocas palabras: Jonás le prometió a Dios expresarle gratitud. Sabía que sería el hombre más agradecido si Dios le daba una segunda oportunidad. Sabía, también, que no la merecía. La desobediencia inicial de Jonás significó que Dios no tenía que enviar el viento que casi hunde el barco, pero lo hizo. Dios no tenía que mandar que los paganos echaran suertes y éstas cayeran sobre Jonás, pero lo hizo. No tenía que enviar el gran pez que se tragara a Jonás, pero lo hizo. No tenía que hablarle al pez para que escupiera a Jonás, pero lo hizo. Y Dios no tenía que darle a Jonás una segunda oportunidad, pero lo hizo. «La palabra del Señor vino por segunda vez a Jonás: "Anda, ve a la gran ciudad de Nínive y proclámale el mensaje que te voy a dar"» (Jonás 3:1-2).

Y Jonás obedeció. Cumplió lo que prometió.

Pero recuerde que la mayoría de nosotros, si no todos, nos hemos apresurado a hacer votos poco recomendables. Si usted no está seguro de si una promesa que ha hecho agradará a Dios, busque el consejo de gente espiritual que pueda confirmar o cancelar su voto.

«Cuando hagas un voto a Dios, no tardes en cumplirlo, porque a Dios no le agradan los necios. Cumple tus votos: Vale más no hacer votos que hacerlos y no cumplirlos».

(Eclesiastés 5:4-5)

«Cuando un hombre haga un voto al SEÑOR, o bajo juramento haga un compromiso, no deberá faltar a su palabra sino que cumplirá con todo lo prometido».

(Números 30:2)

«Si le haces una promesa al Señor tu Dios, no tardes en cumplirla, porque sin duda él demandará que se la cumplas; si no se la cumples, habrás cometido pecado. No serás culpable si evitas hacer una promesa. Pero, si por tu propia voluntad le haces una promesa al Señor tu Dios, cumple fielmente lo que le prometiste».

(Deuteronomio 23:21-3)

Hacer una promesa en los tiempos antiguos tenía el mismo peso que hacer un juramento. Un juramento se declaraba para demostrar sin ninguna duda que uno estaba diciendo la verdad y que mantendría su palabra. Por lo tanto, tomar un voto era el equivalente a hacer un juramento. Si alguien hacía un juramento, tenía que cumplirlo. Si usted hacía un voto, debía cumplirlo. De lo contrario, la penalidad era horrenda.

Jonás hizo un voto y lo cumplió.

Pero vivimos en un tiempo en el que las promesas ya no parecen ser lo mismo. Lo que es peor, la gente le hace promesas a Dios y se olvida de ellas muy fácilmente. Pero Dios se acuerda. Temería estar en los zapatos de alguien que le haya hecho cualquier voto a Dios y que no lo haya cumplido. Tenga en cuenta que Dios no le pide a nadie que haga un voto. Eso es algo voluntario, una libre elección. Somos libres de no hacerlo. Pero si lo hacemos, debemos asegurarnos de cumplirlo. Porque Dios no se olvida.

Me pregunto cuántos de los soldados que oraron a Dios durante le conflicto armado de las Islas Malvinas, en 1982, o de la Guerra del Golfo, en 1991, han tenido presentes sus compromisos. Recuerdo la emoción cuando llegaban a nuestras costas las palabras: «Nuestros soldados están pidiendo Biblias, muchos están orando para recibir a Cristo como Salvador». Sí, yo me acuerdo. Pero ¿se han acordado *ellos*? Dios, sí.

Pedro le dijo a Jesús, con mucha seguridad, que él lo seguiría hasta la muerte; real y verdaderamente, pensaba que amaba al Señor más que los otros discípulos. Jesús le dijo que él lo negaría. «"Señor —respondió Pedro—, estoy dispuesto a ir contigo tanto a la cárcel como a la muerte". "Pedro, te digo que hoy mismo, antes que cante el gallo, tres veces negarás que me conoces"» (Lucas 22:33-34). Pedro nunca imaginó que sería capaz de defraudar al Señor. Pero lo hizo. Negó conocer a Cristo. Mírelo nuevamente: «El Señor se volvió y miró directamente a Pedro. Entonces Pedro se acordó de lo que el Señor le había dicho: "Hoy mismo, antes que el gallo cante, me negarás tres veces". Y saliendo de allí, lloró amargamente» (Lucas 22:61-62).

No me caben dudas de que Pedro se sintió de avergonzado por haber defraudado al Señor. Pero también, por haberse defraudado a sí mismo. Sinceramente creía que sería el último en hacer algo así, que, de hecho, su devoción a Cristo era, en su opinión, probablemente mayor que las de los otros once discípulos juntas.

Es una advertencia para todos nosotros, para que no sobreestimemos lo mucho que amamos al Señor. Un fuerte sentimiento de que amamos al Señor puede ser engañoso y falso. Cuánta razón tenía Jeremías: «Nada hay tan engañoso como el corazón. No tiene remedio. ¿Quién puede comprenderlo?» (Jeremías 17:9). Un sentimiento de que amamos al Señor verdaderamente puede, incluso, darnos un sentir tan santurrón que podemos creernos insensibles a la tentación. ¡Mejor sería que no descansemos en nuestro amor por el Señor, sino en su amor por nosotros! «En esto consiste el amor: no en que nosotros hayamos amado a Dios, sino en que él nos amó y envió a su Hijo para que fuera ofrecido como sacrificio por el perdón de nuestros pecados» (1 Juan 4:10).

Mi conjetura es que pronto Pedro hizo un voto porque se sintió muy avergonzado y dolido. Su mundo colapsó. ¿Cómo podría volver a mirar a Jesús? ¿Cómo podría volver a mirarse en el espejo? Creo que Pedro hizo un voto que diría algo así como: «Señor, dame otra oportunidad y no te decepcionaré». ¡Y la tuvo! Él y Juan tuvieron que enfrentarse a la misma autoridad que había ordenado la crucifixión de Jesús: el Sanedrín. Pedro estuvo brillante esta vez. Estaba tan relajado que mostró un sentido del humor divino —como para ridiculizar a sus oponentes.

> «Pedro, lleno del Espíritu Santo, les respondió: Gobernantes del pueblo y ancianos: Hoy se nos procesa por haber favorecido a un inválido, ¡y se nos pregunta cómo fue sanado! Sepan, pues, todos ustedes y todo el pueblo de Israel que este hombre está aquí delante de ustedes, sano gracias al nombre de Jesucristo de Nazaret, crucificado por ustedes pero resucitado por Dios. Jesucristo es "la piedra que desecharon ustedes los constructores, y que ha llegado a ser piedra angular"».
>
> «De hecho, en ningún otro hay salvación, porque no hay bajo el cielo otro nombre dado a los hombres mediante el cual podamos ser salvos».
>
> (Hechos 4:8-12)

A Pedro y a Juan se les ordenó no enseñar en el nombre de Jesús, y luego de varias amenazas los dejaron ir. ¡Pero después, se los convocó nuevamente! Eso significaba que Pedro no solo tuvo una segunda oportunidad, sino también, una tercera. Calculo que Pedro y Juan saltarían de alegría porque Dios les había concedido tales oportunidades de mostrar que realmente amaban al Señor mucho.

Ya he mencionado el viaje que recientemente hice con mis amigos Alan y Lyndon a Israel. Cuando estábamos allí vistamos el sitio en donde Pedro negó al Señor. Era lo que quedaba de la antigua casa de Caifás. Fue donde Jesús pasó la noche en prisión antes de ser crucificado al día siguiente. ¡Pero yo no me había dado cuenta de que esa prisión era exactamente el mismo lugar donde Pedro y Juan habían sido puestos, unos meses más tarde! ¡Qué emocionados estarían de tener una segunda oportunidad de mostrar su gratitud! ¡Qué humilde debe de haberse sentido Pedro, en particular, porque, esta vez, no había negado a Jesús, sino que lo había proclamado valientemente! ¡Qué bondad la de Dios, al darnos una segunda oportunidad!

Pedro y Juan, con inefable júbilo, se regocijaron de ser tenidos por dignos de sufrir el *oprobio* —la misma cosa de la que la mayoría de las personas huyen. Ellos agarraron esta oportunidad con ambas manos. «Así, pues, los apóstoles salieron del Consejo, llenos de gozo por haber sido considerados dignos de sufrir afrentas por causa del Nombre» (Hechos 5:41).

Tuvieron una maravillosa oportunidad para demostrar gratitud y disfrutaron cada minuto de ella. Los judíos que amenazaron a Pedro y a Juan podrían no haber sabido lo que significaba para ellos demostrar que verdaderamente amaban al Señor, por haberlo defraudado. Porque no solo Pedro, sino todos los discípulos lo habían abandonado (vea Mateo 26:56).

Cuando prometemos gratitud, debemos cumplir nuestra palabra. Hay una diferencia entre una promesa y un juramento. Pero ambos deben ser guardados. Hacer un voto, no obstante, es más serio, y si elegimos hacerlo (el equivalente a un juramento) mejor que estemos bien seguros de que vamos a cumplirlo. Jonás eligió hacer un voto y lo cumplió.

Se hace un voto, en vez de una promesa, casi ciertamente porque estamos seguros de que seremos oídos. Si hacemos un voto, en vez de una mera promesa, es porque queremos quitar toda sombra de duda de que haremos lo que hemos dicho. Según Jesús, un cristiano no debería jurar, sino vivir con una integridad cotidiana ante Dios y los hombres. «Cuando ustedes digan "sí", que sea realmente sí; y cuando digan "no", que sea no. Cualquier cosa de más, proviene del maligno» (Mateo 5:37). Y esta es la clase de relación con Dios que a él le agrada. Pero si estamos en una situación muy desesperada —como Jonás— podemos elegir hacer un voto a Dios para llamar su atención. Él bien puede aceptar ese voto; pero espera que lo cumplamos, como hizo Jonás.

Si usted ha hecho un voto pero no ha guardado su palabra, ¿pudiera ser que el leer estas líneas sea una especie de alerta, para que vaya y cumpla lo que ha prometido? ¿Pudiera ser que Dios lo haya guiado con gracia a leer esta página, para avisarle del juicio inminente por causa de que no ha guardado su voto? De ser así, ¡todavía está a tiempo! Comience ahora mismo. Haga desde este momento lo que ha prometido hacer. Si, de hecho, este llamado lo ha alcanzado justo a tiempo, puede haberse ahorrado gran agonía y confusión. Porque Dios toma en serio los votos y las promesas que le hacemos. Si usted ha prometido expresar gratitud, haga todo lo que esté a su alcance para cumplir su palabra.

Aunque no lo merecemos, hay promesas de Dios para nosotros si mostramos gratitud. La gratitud expresada, aun el cumplir nuestros votos, contiene grandes promesas. Dios no tiene la obligación de prometernos nada por mostrarnos agradecidos. Como vimos anteriormente, es nuestro deber agradecerle su bondad. Dios no tiene la obligación de bendecirnos si diezmamos, pero lo hace (Malaquías 3:10). Dios no tiene la obligación de prometer bendecirnos si perdonamos, no juzgamos o le damos a otros, pero lo hace (Lucas 6:37-38).

En otras palabras, se requiere que seamos obedientes en mostrar gratitud. «Así también ustedes, cuando hayan hecho todo lo que se les ha mandado, deben decir: "Somos siervos inútiles; no hemos hecho más que cumplir con nuestro deber"» (Lucas 17:10). La obediencia es un deber. ¡Pero Dios es tan bueno, tan amable, tan misericordioso! ¡No podemos bendecir más al Señor que él a nosotros; no podemos dar más que lo que él nos da; no podemos agradecer al Señor más que lo que él lo hace!

Tengo amigos que se desaniman con la idea de la recompensa. Mi buen amigo Robert Amess dice que los cristianos británicos se sienten incómodos con el concepto de Dios recompensándonos. Bueno, sea como sea, tengo que decirles a todos que Dios ya ha decidido sobre este asunto. Él ha elegido mostrar su complacencia cuando cumplimos nuestras promesas. A aquellos que son lo suficientemente fuertes en sí mismos y que no necesitan otra afirmación o recompensa de Dios, les digo: «Bien, por ustedes». Pero, por mi parte, yo no soy fuerte. Necesito toda la afirmación y el aliento que pueda tener. A veces, rompo en llanto cuando leo esas palabras de David: «Él conoce nuestra condición; sabe que somos de barro» (Salmo 103:14). Yo soy tan débil que preciso toda la motivación que pueda conseguir para seguir adelante con alguna clase de obediencia, y eso incluye la obediencia de gratitud.

A Dios le encanta mostrarnos gratitud por haberle mostrado nosotros gratitud a él. Esto es así porque él es así. También, creo que la mayoría de nosotros somos más propensos a expresar gratitud, cuando sentimos que es reconocida por él en una forma notable. Es nuestro deber hacerlo, es verdad, ¡pero, aún así, a Dios le agrada mostrar su deleite con nosotros por cumplir con nuestro deber! ¿Cómo? Bien, de muchas maneras. Pero, ciertamente, con una unción mayor, y eso es lo que me motiva más que ninguna otra cosa. La unción es el poder del Espíritu Santo que me capacita para hacer las cosas con facilidad. Podría ser mayor revelación, mayor energía, mayor gozo, o mayores bendiciones de cualquier proporción, y yo quiero una unción mayor. Uno de los caminos más rápidos para tener una unción mayor es mostrar gratitud a Dios en todo. «Den gracias a Dios en toda situación, porque esta es su voluntad para ustedes en Cristo Jesús» (1 Tesalonicenses 5:18).

Agradecer a Dios por todo y agradecerle en todo no son exactamente la misma cosa. No mucha gente le agradece por todo. Podemos terminar haciéndolo cuando pasa bastante tiempo y llegamos a entender que «Dios hace que todas las cosas ayuden para bien a los que le aman» (Romanos 8:28 RV). También, podemos agradecerle por cosas que una vez fueron malas y nos causaron dolor. Pero no aconsejo que debamos agradecer *por* todo, en todo momento. Cuando peco, no digo: «Gracias, Señor. No puedo darle las gracias al Señor por los eventos de septiembre de 2001. Pudiera ser que los que leen estas líneas vivan lo suficiente como para ver la mano soberana de Dios en todo aquello, y encuentren razones para estar agradecidos. Pero no se nos exige que seamos agradecidos por todo. Porque nos robaron. O violaron. O nos mintieron. O porque nos traicionaron.

No se nos pide que agradezcamos *por* todos esos sufrimientos. Pero es otra cosa dar gracias *en* esas adversidades. Y esto es lo que se nos pide: «Den gracias a Dios en toda situación, porque esta es su voluntad para ustedes en Cristo Jesús» (1 Tesalonicenses 5:18). Pablo y Silas estaban en la cárcel pero oraban y cantaban himnos al Señor (Hechos 16:25).

Mi amigo Wee Hian Chua, pastor de la iglesia Emanuel en Marsham Street, Londres, fue atropellado por un conductor que se fugó. Estuvo en terapia intensiva por cinco días y, en el hospital, por otras dos semanas. Una tarde Lyndon Bowring y yo lo visitamos, en el Hospital St Thomas. Cuando entramos a la habitación, dijo: «Ah, R.T., justo estaba pensando en ti al orar por la Capilla Westminster y por tu sucesor». Wee Hian comenzó a decir lo agradecido que se sentía por todas las cosas buenas que habían comenzado a sucederle como resultado del accidente. ¿Quejarse? De ninguna manera. No que estuviera agradeciendo por el accidente, en sí, pero alababa a Dios porque a través de todo aquello podía ver cosas buenas que resultaban.

Pero estas cosas nos pueden pasar a cualquiera de nosotros. «En la tierra suceden cosas absurdas, pues hay hombres justos a quienes les va como si fueran malvados, y hay malvados a quienes les va como si fueran justos. ¡Y yo digo que también esto es absurdo!» (Eclesiastés 8:14). Lo que separa a los cristianos de los no cristianos no es si les pasan cosas malas, sino si pueden tomar la decisión de regocijarse en toda circunstancia.

En Filipenses 4:4 se nos ordena alegrarnos: «Alégrense siempre en el Señor. Insisto: ¡Alégrense!». Es una orden, porque el gozo no siempre es espontáneo. Algunas veces viene sin esperarlo, pero es erróneo solo esperar el gozo espontáneo. Muchos años atrás solía cantar: «Cada vez que sienta al Espíritu moviéndose en mi corazón, oraré». El problema con ese coro es que, hablando en forma personal, si esperara a sentir al Espíritu moviéndose en mi corazón, temo que no oraría demasiado. Pablo dijo «a tiempo y fuera de tiempo» (2 Timoteo 4:2 RV). «A tiempo» es cuando el Espíritu está obrando concientemente; «fuera de tiempo» es cuando no sentimos nada.

Debemos alegrarnos «siempre». ¿Por qué? Porque las circunstancias cambian. Por eso, si se nos encuentra regocijándonos en todas las ocasiones, estamos mostrando gratitud. Si hacemos un compromiso de gratitud, significa que debemos estar preparados para las pruebas sorpresivas y dignificar la prueba cuando venga. Dignificar la prueba significa:

Resistir sin quejarse;
Aceptar que la prueba es de parte de Dios;
Permitir que Dios termine la prueba a su modo.

Me encanta el himno *«Like a River Glorious»* [«Cual río glorioso»], especialmente, los versos que dicen:

«Cada gozo o prueba viene de arriba,
Trazada sobre nuestra vida por el sol de amor.
Podemos confiar plenamente en él, todo por nosotros hará;

Los que confían completamente en él lo hallarán completamente veraz».

(Frances Ridley Havergal, 1836-1879)

Cada prueba tiene una escala de tiempo. ¡Y terminará! Dios se encargará de eso. «Ustedes no han sufrido ninguna tentación que no sea común al género humano. Pero Dios es fiel, y no permitirá que ustedes sean tentados más allá de lo que puedan aguantar. Más bien, cuando llegue la tentación, él les dará también una salida a fin de que puedan resistir» (1 Corintios 10:13). Esta palabra traducida como «tentación» o «tentado» es la misma que se usa para «prueba». Dios sabe cuánto podemos soportar. Si verdaderamente lo creemos, podemos mantener nuestro compromiso de ser agradecidos —y de demostrarlo por la decisión de alegrarnos— no importa cuáles sean las circunstancias.

Si esperamos a que las circunstancias cambien para poder hacer caso del mandato de Dios de alegrarnos, ¡podemos esperar un largo tiempo! Si comenzáramos a regocijarnos cuando las circunstancias cambien, pero solo entonces, ¿qué clase de gratitud sería esa? Si prometemos mostrar gratitud, solo podremos cumplir esa promesa si mantenemos un sentido positivo de ser agradecidos, sin importar lo adversas que sean las circunstancias.

¿Cuál es, entonces, el resultado de regocijarse y dar gracias cuando no sentimos hacerlo? Es que glorifica a Dios. Muestra una fe desarrollada. Es vista por los ángeles. Es la mayor amenaza a nuestro enemigo, el diablo. Muestra lo profundamente que creemos que «si en el día de la aflicción te desanimas, muy limitada es tu fortaleza» (Proverbios 24:10). Alegrarse en el Señor, la prueba de nuestra gratitud, a pesar de las circunstancias, demuestra que *somos* genuinos y que nuestra fe es real. «Esto es para ustedes motivo de gran alegría, a pesar de que hasta ahora han tenido que sufrir diversas pruebas por un tiempo» (1 Pedro 1:6).

Y lo que es mejor, tiene una forma extraordinaria de mover a Dios. Esta es la promesa de la gratitud. Nunca me canso de leer o repetir la historia de Josafat, el rey de Judá, a quien le dijeron que un gran ejército venía contra ellos. Alarmado, el rey convocó a un ayuno a todo el pueblo. Un profeta de Dios se adelantó: «Y dijo Jahaziel: "Escuchen, habitantes de Judá y de Jerusalén, y escuche también Su Majestad. Así dice el Señor: 'No tengan miedo ni se acobarden cuando vean ese gran ejército, porque la batalla no es de ustedes sino mía'"» (2 Crónicas 20:15). Josafat y todo el pueblo se postraron y adoraron. La batalla comenzó. Nunca ha habido una igual. «Después de consultar con el pueblo, Josafat designó a los que irían al frente del ejército para cantar al Señor y alabar el esplendor de su santidad con el cántico: "Den gracias al Señor; su gran amor perdura para siempre"» (2 Crónicas 20:21).

El resultado: Dios intervino. El enemigo fue repentinamente derribado. «Al oír las naciones de la tierra cómo el Señor había peleado contra los enemigos de Israel, el temor de Dios se apoderó de ellas. Por lo tanto, el reinado de Josafat disfrutó de tranquilidad, y Dios le dio paz por todas partes» (2 Crónicas 20:29-30).

La gratitud, por tanto, contiene una promesa inherente. La promesa es: muestra gratitud y tendrás la atención de Dios. Muestra gratitud y Dios interviene. Para citar a mi amigo Michael Levitton nuevamente: «Dios no puede resistir la alabanza». ¡Él se conmueve por la adoración y no puede contenerse de mostrarlo!

«Retírate, incredulidad; el Salvador se acerca
Y para mi alivio seguramente aparecerá;
Por la oración me deja luchar y
Él obrará.
Con Cristo en la nave,
Sonrío a la tormenta».
(John Newton, 1725-1807)

Capítulo 7

La pura gracia de Dios

«Porque por gracia ustedes han sido salvados mediante la fe; esto no procede de ustedes, sino que es el regalo de Dios, no por obras, para que nadie se jacte».

(Efesios 2:8-9)

¿Por qué cosa está más agradecido? ¿Por qué cosa estoy más agradecido? Existe una diferencia entre aquello por lo que *estamos* más agradecidos y aquello por lo que realmente *debiéramos* estar más agradecidos. Sin embargo, después que lo pensamos por un largo rato, lo más probable es que aquello por lo que debiéramos estar más agradecidos, sea lo que nos hace sentir más agradecidos.

En cierto modo, por lo que estoy más agradecido es por mi esposa e hijos. Dios ha sido excepcionalmente bueno conmigo al darme a mi esposa Louise. Nadie, excepto ella, podría haberme tolerado todos estos años. Es oro puro, un regalo de parte de Dios y el ejemplo prefecto de mujer descrito en Proverbios 31:10-31. ¡Soy tan bendecido! Siento lo mismo por nuestros hijos T.R. y Melissa y por nuestra nuera Annette. Nunca pude imaginar que el gozo de un padre fuera tan completo hasta que lo sentí el día del casamiento de T.R. y Annette. Y mediante esa ocasión, nuestra hija Melissa volvió al Señor.

El día que conocí a Paul Cain, nos dio una palabra profética con respecto a nuestros hijos: «Él hará volver el corazón de los padres hacia los hijos, y el corazón de los hijos hacia los padres, no sea que yo venga y hiera la tierra con maldición completa» (Malaquías 4:6 RV). Esto sucedió en 1990. Lo llamativo en todo esto es que ninguno de nuestros hijos se encontraba en un estado de rebelión notorio. Ambos vivían en nuestra casa e iban a la iglesia. Pero dos o tres años después comenzamos a preocuparnos mucho acerca del estado espiritual de ellos. Malaquías 4:6 se tornó más interesante y comenzamos a rogarle al Señor que hiciera realidad su palabra. Al escribir estas líneas, la miré a Louise y le dije: «Ahora creo que Malaquías 4:6 se ha cumplido en nuestro caso». No puedo agradecer a Dios lo suficiente. Es por pura gracia.

Pero al final del día, ¿qué es aquello por lo que debemos estar más agradecidos? Una palabra: salvación. El conocimiento de que iremos al cielo y no al infierno al morirnos. No hay conocimiento más sublime que ese.

Las mayores razones por las que debemos estar agradecidos son: primero, porque Dios envió a su único Hijo para morir por nosotros en la cruz; segundo, hemos escuchado esta maravillosa noticia; y tercero, podemos creer este mensaje mediante el poder eficaz del Espíritu Santo. No todos han escuchado el mensaje, y no todos los que lo han escuchado lo recibieron. ¿Por qué algunos lo reciben? ¿Porque son más simpáticos o mejores personas, o más dignos? No. La única explicación es la pura gracia de Dios.

Este podría ser el capítulo más importante del libro. Para algunos puede significar un gran avance, para otros, solo un recordatorio. Incluso, para algunos cristianos sinceros podría significar un trago muy amargo; de hecho, ¡quizás, algunos ni siquiera puedan tragarlo!

Este capítulo se centra en la enseñanza que es esencial para todo lo que creo: la soberanía de Dios. La defino como el derecho y el poder de Dios para hacer cualquier cosa que le agrade con cualquier persona, en cualquier momento. «Nuestro Dios está en los cielos y puede hacer lo que le parezca» (Salmo 115:3). El propósito de este capítulo es hacernos agradecidos a Dios por su gracia absoluta y por habernos elegido y guardado. «Porque por gracia ustedes han sido salvados mediante la fe; esto no procede de ustedes, sino que es el regalo de Dios, no por obras, para que nadie se jacte» (Efesios 2:8-9).

Durante la época medieval, se hablaba del «derecho divino de los reyes». Es decir, el rey podía hacer cualquier cosa, incluso, infringir las leyes que se aplicaban a cualquier otra persona. El Rey Enrique VIII, por ejemplo, tal vez, sea el más conocido por esto. Sin embargo, este «derecho» no es bíblico y finalmente fue desacreditado, aunque lamentablemente para algunas personas todavía existe la idea de que algunos nacen con «privilegios».

Recientemente, el tema de «los derechos humanos» ha sido de gran discusión. Abarca la política internacional; los diplomáticos apelan a los derechos humanos como un punto de vista razonable, al tratar con los soviéticos o con los dictadores. Incluso, abarca a los individuos, al punto tal de provocar tensión racial, pobreza, problemas de vivienda, de educación, de salud, etc. Paralelamente a los derechos humanos, se encuentran los «derechos de los animales», que abarcan desde la protección de las ballenas hasta el cuidado de los pájaros y los perros.

¿Qué es lo que está totalmente descuidado hoy en día? Los derechos de Dios. Dios tiene el derecho de ser Dios. La pregunta radica en si vamos a «permitirle a Dios ser Dios».

¿Por qué es importante este capítulo? Nos permite ver la teología desde la perspectiva de Dios. Existen dos maneras básicas de «hacer teología»: desde el punto de vista humano, el enfoque más común, hoy en día; o desde el punto de vista de Dios, el enfoque bíblico. La Biblia es una publicación propia de Dios. No solo es su Palabra, sino que también está expresada en un contexto centrado en Dios. Por lo tanto, exige que se comprenda la teología desde el punto de vista de Dios.

Me temo que hoy en día gran parte de la teología no es teología (el estudio de Dios) sino antropología (el estudio del hombre). Sin embargo, tal vez, la enseñanza de la soberanía de Dios sea la teología más pura. El término «teología» proviene de dos palabras: *teo*, «Dios», y *logos*, «palabra». De esta manera, hacer teología pura significa tratar con la Palabra de Dios, verdaderamente.

Esto significa una perspectiva divina, no, humana. La vislumbre de la soberanía de Dios nos otorga el sabor de la teología en su forma más pura.

Lo siento, pero la gran mayoría de la generación actual parece haber perdido el verdadero respeto a Dios. No existe un temor verdadero de Dios en la Tierra, incluso, entre muchas personas del pueblo de Dios. La ironía es que cuanto más se presente a la teología desde el punto de vista humano, menos personas tendrán temor de Dios ni se preocuparán por él. Solo una fuerte visión de la soberanía de Dios, que lo coloque nuevamente en su trono, hará recapacitar a la gente. El libro de Jonathan Edwards: *Sinners in the Hands of an Angry God* [Pecadores en las manos de un Dios airado] es una ilustración de ello.

En 1741, al tomar el texto de Deuteronomio 32:35: «A su debido tiempo, su pie resbalará», Jonathan Edwards comenzó a leer su largo sermón, palabra por palabra. Sostenía el manuscrito a la altura de sus ojos, ¡contrariamente a la manera en que muchos pastores darían una prédica hoy en día! Pero mientras hablaba, la congregación comenzó a gemir y a gritar desesperadamente. Edwards describió a los miembros de la congregación como si estuvieran encima de las llamas del infierno, solo sostenidos por un hilo fino, y les advirtió que Dios podía cortar ese hilo en cualquier momento y permitir que cayeran al infierno. Jonathan Edwards recalcó que era solo por la pura gracia de Dios que ellos no estaban todavía en ese sitio. El gemido de la gente con convicción, mientras él hablaba, se tornó más intenso. En un momento, les pidió que hicieran silencio para poder continuar. Pero el sello del Espíritu Santo en el sermón era tan poderoso que la gente comenzó a sujetarse con desesperación de los bancos para no caer al infierno. Fuera de la iglesia, algunos hombres fortachones se aferraban a los troncos de los árboles para no caer al infierno. Se estima que finalmente se convirtieron quinientas personas a causa de ese sermón. Cuando se imprimió, el editor lo tituló *Sinners in the Hands of an Angry God* [Pecadores en las manos de un Dios airado].

Esta es la «generación yo», la era del «¿qué hay para mí?», cuando el «dinero y salud» o el evangelio de prosperidad tiene gran atractivo (aunque tenga poco de verdad). La enseñanza bíblica de la soberanía de Dios nos ayudará a corregir esta perspectiva. Este tema nos permite conocer mejor al Dios de la Biblia y es la óptima enseñanza para hacernos arrodillar y ayudarnos a sentirnos verdaderamente agradecidos con Dios. El Dios de la Biblia es el único Dios verdadero. Para alcanzar la verdad acerca del Dios de gloria necesitamos entender la soberanía de Dios.

«Déjame verte en todo tu esplendor», insistió Moisés.

Y el Señor le respondió: «Voy a darte pruebas de mi bondad, y te daré a conocer mi nombre. Y verás que tengo clemencia de quien quiero tenerla, y soy compasivo con quien quiero serlo».

(Éxodo 33:18-19)

Hay dos significados implícitos en el derecho que tiene Dios a hacer lo que él quiera. Primero, su privilegio o prerrogativa. Se dice que la aristocracia inglesa «nace con privilegios». Si estos privilegios son derechos justos o no, es otro tema, ya que muchas cosas en la vida parecen ser injustas y estar un poco equivocadas.

Pero Dios no «nació»; siempre fue, es y será. Entonces, ¿cuáles son lo privilegios de ser Dios? ¿Tiene algún «derecho» a hacer esto o aquello, por ser Dios?

El segundo significado implícito en el derecho de Dios es su rectitud, la rectitud en lo que hace. Dios pone las reglas; lo que hace está correcto. ¿Pero esto significa que puede romperlas, incluso, romper sus propias reglas? ¿Nos enseña a vivir de una manera, pero él vive de otra? No es así. Dentro del derecho o privilegio de ser Dios, también se encuentran sus características inalterables, y una de ellas es que es santo, no puede mentir y: «el juez de toda la tierra, ¿no ha de hacer lo que es justo?» (Génesis 18:25): ¡sí!

Sin embargo, aunque Dios no rompe las reglas, tampoco tiene que dar explicaciones. ¿Por qué? Porque Dios es Dios. No es responsable ante nadie. «Cuando Dios hizo su promesa a Abraham, como no tenía a nadie superior por quien jurar, juró por sí mismo» (Hebreos 6:13). Se encuentra en paz consigo mismo.

«Me has dado a conocer la senda de la vida;
me llenarás de alegría en tu presencia,
y de dicha eterna a tu derecha».
(Salmo 16:11)

Nunca se siente culpable. Es perfectamente libre.

«Porque lo dice el excelso y sublime,
el que vive para siempre, cuyo nombre es santo:
"Yo habito en un lugar santo y sublime,
pero también con el contrito y humilde de espíritu,
para reanimar el espíritu de los humildes
y alentar el corazón de los quebrantados"».
(Isaías 57:15)

La mayor libertad es no tener nada que demostrar, y Dios es más libre de lo que nosotros pudiéramos concebir jamás.

Dar explicaciones todo el tiempo o demostrar algo continuamente es un signo de inseguridad. Pero Dios es seguro de sí mismo y esta seguridad está reflejada en la persona de Jesús. Por ejemplo, no tiene necesidad de hablar, responder o dar explicaciones a los sacerdotes (Mateo 21:27). Me encanta la manera en que manejó la situación delante de Herodes.

«Al ver a Jesús, Herodes se puso muy contento;
hacía tiempo que quería verlo por lo que oía acerca
de él, y esperaba presenciar algún milagro que
hiciera Jesús. Lo acosó con muchas preguntas, pero

Jesús no le contestaba nada. Allí estaban también los jefes de los sacerdotes y los maestros de la ley, acusándolo con vehemencia».

(Lucas 23:8-10)

Cuando aparece la frase «soberanía de Dios», resulta difícil saber cuál de las dos tiene prioridad: si la voluntad de Dios o su poder. Pero probablemente, su voluntad. «En Cristo también fuimos hechos herederos, pues fuimos predestinados según el plan de aquel que hace todas las cosas conforme al designio de su voluntad» (Efesios 1:11). Esta es una declaración de la soberanía de Dios, si alguna vez existió una. Lo que se puede ver en seguida es la voluntad de Dios. De ahí, el Salmo 115:3: «Nuestro Dios está en los cielos y puede hacer lo que le parezca». Esto también surge al suponer que, haga lo que haga, Dios es absolutamente justo. De esta manera, la idea de su voluntad o prerrogativa es, probablemente, el ingrediente principal, cuando la gracia y soberanía de Dios llega a la persona.

Pero detrás de la suposición de que Dios puede ejercer cualquier derecho, cualquiera sea, yace la misma suposición de que puede hacer cualquier cosa, es decir, tiene el poder para hacer lo que él decida. Cualquier persona que se sienta en un trono puede ejercer su voluntad, pero ¿tiene el poder para llevarla a cabo? Se dice que la reina no gobierna, reina. Pero Dios no solo reina sino que también gobierna; controla y lleva a cabo lo que él quiere.

Básicamente, la palabra «poder» tiene dos significados: fuerza y autoridad. De hecho, dos palabras griegas se traducen a menudo como «poder». Primero, *dunamis*, «poder», de la que obtenemos la palabra «dinamita». Se refiere a la fuerza o energía. Se utiliza en Lucas 24:49 y Hechos 1:8. Segundo, *exousia*, «autoridad», que significa «tener el derecho» o «privilegio». Se utiliza en Mateo 28:18, Juan 1:12 y Juan 17:2.

La soberanía de Dios abarca ambas palabras. ¡Dios tiene el poder de hacer cualquier cosa porque puede hacer que suceda! Tiene el poder sobre su creación.

«Los cielos cuentan la gloria de Dios,
el firmamento proclama la obra de sus manos.
Un día comparte al otro la noticia,
una noche a la otra se lo hace saber.
Sin palabras, sin lenguaje,
sin una voz perceptible,
por toda la tierra resuena su eco,
¡sus palabras llegan hasta los confines del mundo!
un pabellón para el sol.
Y este, como novio que sale de la cámara nupcial,
se apresta, cual atleta, a recorrer el camino.
Sale de un extremo de los cielos
y, en su recorrido, llega al otro extremo,
sin que nada se libre de su calor».

(Salmo 19:1-6)

Tiene poder sobre todos aquellos que piensan que tienen el control.

«La exaltación no viene del oriente,
ni del occidente ni del sur,
sino que es Dios el que juzga:
a unos humilla y a otros exalta».

(Salmo 75:6-7)

Tiene poder sobre Satanás. El diablo no pudo tocar a Job más de lo que Dios le permitió (Job 1:6-12). Y aún así, de igual manera, solo Dios tiene el derecho, el privilegio, de hacer estas cosas: controla nuestros destinos.

«Y así está escrito: "Amé a Jacob, pero aborrecí a Esaú". ¿Qué concluiremos? ¿Acaso es Dios injusto? ¡De ninguna manera! Es un hecho que a Moisés le dice: "Tendré misericordia de quien yo tenga misericordia; y me compadeceré de quien yo me compadezca"».

Por lo tanto, la elección no depende del deseo ni del esfuerzo humano, sino de la misericordia de Dios. Porque en la Escritura le dice al faraón: «Te he levantado precisamente para mostrar en ti mi poder, y para que mi nombre sea proclamado por toda la tierra. Así que Dios tiene misericordia de quien él quiere tenerla, y endurece a quien él quiere endurecer»(Romanos 9:13-18).

Es por esta gracia que no somos consumidos (Lamentaciones 3:22). Como dijo Jonathan Edwards, es por la pura gracia de Dios que no estamos todos en el infierno. En una palabra: Dios puede hacer cualquier cosa, y cualquier cosa que haga estará bien.

No siempre he creído lo que estoy escribiendo en esta sección. Créanme, ¡este tipo de enseñanza no podría haberme sido más extraña en un tiempo! Lo entendí un día, mientras manejaba de Palmer a Nashville, Tennessee, en un momento en que Dios me manifestó su gloria de repente. Allí estaba el Señor Jesús, a la diestra del Padre, intercediendo por mí. Nunca había experimentado nada como eso. Nunca me había sentido tan amado. Lloré, mientras manejaba por la autopista 41. Recuerdo cuándo y dónde me encontraba cuando sucedió por primera vez. Lo siguiente que puedo recordar es dónde me encontraba cuarenta y cinco minutos más tarde. Escuché a Jesús decirle al Padre: «Él lo quiere». El Padre contestó: «Puede tenerlo». En ese momento una paz maravillosa inundó mi corazón. Nunca supe que Dios podía ser tan real. El Señor Jesús era más real que cualquier otra cosa. Cambió mi vida totalmente. No he sido el mismo desde la mañana del lunes 31 de octubre de 1955.

Supe que tenía la salvación eterna. Supe que no estaba perdido. Supe que algún día estaría en el cielo y que nunca iría al infierno. Fue el gozo más maravilloso que jamás experimenté. Algunos de mis amigos cercanos, al escucharlo, dijeron que cambiaría de opinión, pero luego supe que nunca lo haría. No hay forma de describir lo profundo que llegó esta experiencia con el Espíritu. Fue contra todo lo que me habían enseñado en mi antigua iglesia. Siempre me habían dicho que una persona podía perder su salvación si desobedecía. Decían que la enseñanza «una vez salvo, siempre salvo» había sido creada en el infierno. Pero antes del atardecer del 31 de octubre, la creí con todo mi corazón.

Pero hay más. Comprendí que Dios me había elegido mucho antes de ese momento. Mucho antes de que naciera, aún antes de que hubiera estrellas, antes de que Dios creara el universo, fui elegido. Fui predestinado.

Pensé que había descubierto algo nuevo. ¡Pensé que era el primero desde el apóstol Pablo en ver estas cosas! Pero luego descubrí que estaba equivocado; porque no era algo nuevo, en absoluto, sino que era el corazón de la enseñanza sobre la gracia de Dios, en el Nuevo Testamento. Luego entendí que no era sino la teología dominante de la iglesia cristiana. También estaba emocionado al descubrir que era lo mismo que creía John Newton, quien escribió:

«Sublime gracia del Señor
Que a mí, pecador, salvó.
Fui ciego, mas hoy miro yo
perdido, y él me amó».

(John Newton, 1725-1807)[4]

Hemos cantado «Sublime gracia» en mi antigua iglesia. ¡Traté de convencer a mi querido padre y a mi piadosa madre de que vieran que lo que ahora yo creía no podía estar tan mal, si John Newton, sin mencionar a los peregrinos que llegaron a América del Norte en 1620, lo habían creído! Nunca tuve éxito, ni siquiera pude convencer a ninguno de mis antiguos amigos.

Me ha abrazado a lo largo de los años. Desde entonces lo he estudiado con detenimiento (mi trabajo de investigación en Oxford se basó en esta enseñanza) y ahora estoy bastante capacitado para enseñarlo.

---

[4] Traducido al español por Cristóbal E. Morales (1898-1991).

Quisiera que todos lo creyeran. Esta es la razón: lo hará una persona muy, muy agradecida. No tiene que creer lo que yo creo sobre la elección, predestinación o seguridad eterna para ser agradecido. En absoluto. Algunos de los mejores hijos de Dios en la historia de la Iglesia aún no pueden comprender esta enseñanza. Y pueden ser de las personas más agradecidas y piadosas que hayan vivido en la Tierra. ¡Pero diré que cuando, de verdad, crees que has sido *elegido*, no sobre la base de obras o fe prevista, sino debido a la pura gracia de Dios, te sientes efectivamente agradecido! Es comprender de una forma maravillosa que Dios no tenía que elegirnos, ¡pero lo hizo! Hace que te sientas completamente indigno e indefenso. Pero agradecido.

Me avergüenza admitirlo: a pesar de haberlo entendido cuando tenía veinte años, pasaron muchos más, antes de que comenzara a ser agradecido con Dios como debía. Pero todavía estaba en deuda con él de una manera que no había aprendido antes de esta experiencia sobrenatural de gracia. Y aún estoy luchando para asimilarlo. ¿Por qué, yo? ¿Cuál es el motivo de esta gracia y amor eternos hacia mí? Hace que uno se sienta tan pequeño... ¡Pero importante!

Un domingo por la tarde tuve el privilegio de conocer a Joni Eareckson Tada, a quien me referí anteriormente. Esta mujer extraordinaria —que ha sido cuadriplégica desde que sufrió un accidente, al tirarse de cabeza al agua, cuando era adolescente— vino a la sacristía de la Capilla Westminter en su silla de ruedas. Quería demostrar su alegría al estar en la iglesia del Dr. Martyn Lloyd-Jones. Fue su enseñanza acerca de la soberanía de Dios (junto con *The Sovereignty of God* [La soberanía de Dios] de A. W. Pink y Predestination [Predestinación] de Lorraine Boettner) la que le dio el sentido de propósito a su vida. Fue lo que le dio paz con respecto a su accidente y le permitió sobrellevarlo. Ella decía: «No soy cristiana por lo que esa paz hace en mí, sino porque esa paz es verdadera». No estoy seguro de cuántas personas saben qué pensamiento tan teológico tiene Jodi, ¡pero me sentí tan honrado y humillado de estar en su presencia aquel día!

Sí, la verdad que estoy tratando de explicar en este capítulo es lo que le otorga sentido de identidad, importancia y propósito. ¡Dios está en su trono! Y nos ama a cada uno, dijo San Agustín, como si no existiera otra persona a quien amar. ¡Lo mejor de todo es que no lo podemos perder! Eso es lo que nos debiera hacer extremadamente agradecidos y, si me permiten volver a citarlo, es lo que da sentido a este coro:

«Gracias, Señor, por salvar mi alma;
Gracias, Señor, por hacerme completo;
Gracias, Señor, por darme
Tu gran salvación tan rica y gratuita».

(Anónimo)

Existe una diferencia entre la gracia que salva y la gracia común. La gracia salvadora es dada a algunos; la gracia común, a todos. La llamamos «común», no, porque sea ordinaria, sino porque se le concede, comúnmente, a todos los hombres y mujeres. Es el regalo de la creación. Es la bondad de Dios para todas las personas. Juan Calvino la llamó «la gracia especial entre la naturaleza». Es lo que ordena el mundo. No se refiere a la conversión, regeneración (nacer de nuevo) o a la santificación, sino a las habilidades propias de la persona. Alude a la causa por la que tenemos ciertos talentos y un nivel particular de inteligencia. Explica el porqué de tener un trabajo y un ingreso económico. Los no cristianos tienen gracia común, al igual que los cristianos.

Las leyes en la sociedad se deben a la gracia común. El gobierno existe, gracias a ella. ¿Dónde se encontraría la sociedad, sin el temor al castigo? Dios, gentilmente, establece las autoridades para nuestro bien, y pueden no estar conectadas con la Iglesia. La Iglesia primitiva estaba cuidadosamente enseñada a someterse a ellas, como un principio bíblico.

«Todos deben someterse a las autoridades públicas, pues no hay autoridad que Dios no haya dispuesto, así que las que existen fueron establecidas por él. Por lo tanto, todo el que se opone a la autoridad se rebela contra lo que Dios ha instituido. Los que así proceden recibirán castigo. Porque los gobernantes no están para infundir terror a los que hacen lo bueno, sino a los que hacen lo malo. ¿Quieres librarte del miedo a la autoridad? Haz lo bueno, y tendrás su aprobación, pues está al servicio de Dios para tu bien. Pero si haces lo malo, entonces debes tener miedo. No en vano lleva la espada, pues está al servicio de Dios para impartir justicia y castigar al malhechor. Así que es necesario someterse a las autoridades, no solo para evitar el castigo sino también por razones de conciencia».

(Romanos 13:1-5)

Debemos estar agradecidos por la gracia común. Es la razón por la existen los bomberos, los policías, los doctores, las enfermeras, la medicina, la música, la literatura. ¿Cuándo fue la última vez que le diste gracias a Dios por los bomberos? Sé que muchas personas en Nueva York, de repente, se volvieron agradecidas por los heroicos bomberos, luego del 11 de septiembre de 2001. ¿Cuándo fue la última vez que agradeciste por tu doctor? ¿Por los agricultores? El alimento nos es dado por la gracia común de Dios. Él nos da el agua, el alimento, la lluvia, el sol, las escuelas, el transporte y el sueño. No tiene nada que ver con ser salvo, pero la gente que lo es debería ser la primera en estar agradecida por todas estas cosas.

Dios controla el clima: «Él hace que salga el sol sobre malos y buenos, y que llueva sobre justos e injustos» (Mateo 5:45). Dios controla la naturaleza, desde la lluvia hasta los terremotos. Por qué permite cosas que nos son buenas a nuestros ojos es parte del misterio de su soberanía. «Nuestro Dios está en los cielos y puede hacer lo que le parezca» (Salmo 115:3).

El mayor misterio de todos es cómo Dios amó tanto al mundo, que envió a su único Hijo a morir en una cruz por nuestros pecados. Yo no lo entiendo. ¿Y usted? Todo lo que podemos hacer es detenernos y adorar. Y ser muy, pero muy agradecidos.

¡El hecho de que nos haya dado a cada uno de nosotros un interés en la salvación por la sangre de su Hijo es el misterio más grande de todos! Es la soberanía de Dios, en relación con la redención (salvación). Las palabras «redención» y «salvación», en términos generales, pueden usarse indistintamente. «Redención» significa que Dios «nos compró» con la sangre de su Hijo. «Como bien saben, ustedes fueron rescatados de la vida absurda que heredaron de sus antepasados. El precio de su rescate no se pagó con cosas perecederas, como el oro o la plata, sino con la preciosa sangre de Cristo, como de un cordero sin mancha y sin defecto» (1 Pedro 1:18-19). La palabra «salvación» significa que Dios perdonó nuestro castigo, para acercarnos mediante la sangre de su hijo (Romanos 5:9).

Dios eligió salvarnos antes de la caída (el pecado del hombre en el Jardín del Edén; Génesis 3) y, aun, a la luz de ella. La caída del hombre no sorprendió a Dios. Cristo es el Cordero elegido antes de la creación del mundo (1 Pedro 1:20). Por lo tanto, Dios no se asustó cuando Adán y Eva pecaron, pero comenzó el proceso de redención en el mismo Jardín del Edén, cuando Dios hizo ropa de pieles (que significaba el derramamiento de sangre) para Adán y Eva (Génesis 3:21).

Dios eligió tener un pueblo. Esta elección fue hecha antes de que el mundo existiera. «Dios nos escogió en él antes de la creación del mundo, para que seamos santos y sin mancha delante de él. En amor nos predestinó para ser adoptados como hijos suyos por medio de Jesucristo, según el buen propósito de su voluntad» (Efesios 1:4-5). El pueblo que Dios eligió fue entregado al Hijo. «Todos los que el Padre me da vendrán a mí; y al que a mí viene, no lo rechazo» (Juan 6:37). Estas personas están predestinadas a ser salvas: «A los que predestinó, también los llamó; a los que llamó, también los justificó; y a los que justificó, también los glorificó» (Romanos 8:30). La elección no se basaba en sus obras:

«Pues Dios nos salvó y nos llamó a una vida santa, no por nuestras propias obras, sino por su propia determinación y gracia. Nos concedió este favor en Cristo Jesús antes del comienzo del tiempo» (2 Timoteo 1:9). Esas personas que Dios eligió creen a su debido tiempo: «Al oír esto, los gentiles se alegraron y celebraron la palabra del Señor; y creyeron todos los que estaban destinados a la vida eterna» (Hechos 13:48). Si Lucas hubiera dicho: «Todos los que creyeron estaban destinados a la vida eterna», habría sido verdad, pues todos los que creen están destinados a la vida eterna. Pero Lucas dijo específicamente: «Y creyeron todos los que estaban destinados a la vida eterna». Dijo esto porque en él gobernaba la soberanía de Dios. En una palabra: la gente cree porque ya está dispuesta, predestinada a la vida eterna, desde el principio.

Si te preguntas: ¿Por qué Dios elige a algunos y, no, a todos?, lo más cercano que podemos obtener como respuesta son las palabras de Jesús: «Sí, Padre, porque esa fue tu buena voluntad» (Mateo 11:26). Yo no lo entiendo más que ustedes. Algunas cosas siguen siendo un misterio, al igual que un terremoto. Pero permítanme sugerirles adoptar la sabiduría de Abraham: «Tú, que eres el Juez de toda la tierra, ¿no harás justicia?» (Génesis 18:25). El no entendía todo lo que aceptaba; de todas formas, confiaba en la justicia de Dios.

Incluso, la explicación para nuestro status, llamado, perfil o posición se basa entera y únicamente en el misterio de la soberanía de Dios. Como dije, algunos pueden decir, al igual que David: «Bellos lugares me han tocado en suerte; ¡preciosa herencia me ha correspondido!» (Salmo 16:6). David había sido grandemente favorecido, al igual que María (Lucas 1:28). Era un hombre conforme al propio corazón de Dios (1 Samuel 13:14). David fue el rey más grande de Israel.

Tal vez, usted también, humilde y agradecidamente, reconozca: «Canto salmos al Señor. ¡El Señor ha sido bueno conmigo!» (Salmo 13:6). Puede ser la bondad de Dios no solo al punto de la misericordia salvadora, sino también al punto de la gracia común. Podría ser el rol de Dios para ti en su reino. Podría ser la forma en que te ha ahorrado el dolor o la vergüenza (Salmo 103:10).

La explicación de la estrategia de Dios para su reino yace en la dimensión de la soberanía de Dios. Se refiere, por tanto, a nuestro llamado o unión (1 Corintios 12:8-10). Algunos tienen dones mayores. Algunos son ojo o cabeza, ¡otros son intestinos! Vea 1 Corintios 12:12-26.

¡Esto se extiende a nuestra fidelidad y trabajo arduo, con respecto a aquellos que son igualmente recompensados sin hacer ningún esfuerzo! Esa es parte de la razón, detrás de la parábola de la viña (Mateo 20:1-16). Algunos trabajan durante años para tener lo que otros consiguen en un día. Dios puede pasar por alto a la persona dotada en el último minuto.

La soberanía de Dios es la explicación del castigo (disciplina) de Dios.

«Y ya han olvidado por completo las palabras de aliento que como a hijos se les dirige: "Hijo mío, no tomes a la ligera la disciplina del Señor ni te desanimes cuando te reprenda, porque el Señor disciplina a los que ama, y azota a todo el que recibe como hijo". Lo que soportan es para su disciplina, pues Dios los está tratando como a hijos. ¿Qué hijo hay a quien el padre no disciplina? Si a ustedes se les deja sin la disciplina que todos reciben, entonces son bastardos y no hijos legítimos. Después de todo, aunque nuestros padres humanos nos disciplinaban, los respetábamos. ¿No hemos de someternos, con mayor razón, al Padre de los espíritus, para que vivamos? En efecto, nuestros padres nos disciplinaban por un breve tiempo, como mejor les parecía; pero Dios lo hace para nuestro bien, a fin de que participemos de su santidad.

Ciertamente, ninguna disciplina, en el momento de recibirla, parece agradable, sino más bien penosa; sin

embargo, después produce una cosecha de justicia y paz para quienes han sido entrenados por ella».
(Hebreos 12:5-11)

Dios puede castigar a una persona por un pecado o falta de la que otro sale impune. Él puede esperar por años para «descubrir» nuestros errores (Lamentaciones 4:22). Con otros, trata inmediatamente (Jonás 1: 8). Dios puede usar el castigo o el sufrimiento para refinar el carácter de una persona. Otro puede obtener su refinamiento solamente a través de ser llenado repentinamente del Espíritu. O puede pertenecer a la voluntad secreta de Dios. Esa fue la lección que Jesús le dio a Pedro (Juan 21:21-22).

Esa es la explicación del éxito de algunos. Dios usa a Billy Graham para el gozo absoluto de algunos ¡pero, lamentablemente, para consternación de otros! Dios puede retenerles el éxito o la vindicación a aquellos que parecen ser tan merecedores. Algunos obtienen una promoción; otros, no. Algunos se casan; otros, no. Recuerde Isaías 55:8-9:

«Porque mis pensamientos no son los de ustedes,
ni sus caminos son los míos
—afirma el Señor—.
Mis caminos y mis pensamientos
son más altos que los de ustedes;
¡más altos que los cielos sobre la tierra!».

Todo esto está diseñado con el fin de hacernos más agradecidos. Debemos nuestra existencia, nuestro triunfo, nuestra salud, nuestra salvación, a la soberana misericordia de Dios. Todo tiene solo una explicación: la pura gracia de Dios. ¿No lo hace sentir muy agradecido?

Capítulo 8

La doctrina de la gratitud

«Sopla, sopla tú, viento del invierno,
Tú que eres tan despiadado
Como la ingratitud del hombre».
(William Shakespeare, 1564-1616)

La gratitud es, en verdad, una doctrina? Sí. La palabra «doctrina» significa «enseñanza». La gratitud, como hemos visto, es algo que debe enseñarse.

En la teología reformada, la teología de la santificación, el proceso de ser hechos santos, se denomina «doctrina de la gratitud». ¿Por qué? Porque una vida santa es, en parte, nuestra manera de decirle «gracias» a Dios por salvarnos.

No somos salvos al ser santificados. Si la santificación fuera la causa o la precondición de la salvación, ella sería, en última instancia, por obras y no, por gracia. Pero si somos salvos por gracia y, no, por obras, ¿dónde encaja la santificación? La respuesta es que la santificación es, como ya lo dije antes, como la posdata al final de una carta. Si tuviera que decirlo de nuevo, la santificación es nuestra manera de decir: «Gracias, Señor, por salvar mi alma».

La gratitud podría definirse simplemente como el hecho de demostrar que uno valora la bondad de Dios. Es un sentimiento, pero es más que un sentimiento. La gratitud, también, se demuestra por medio de lo que *hacemos*; pudiera ser un sacrificio, en el que no tenemos un fuerte sentimiento. A veces, nos sentimos *agradecidos*, y a veces, no. Pero debemos estarlo siempre, lo sintamos o no. Debemos hacerlo, es decir, demostrar gratitud no solo con palabras, sino también con hechos.

Por lo tanto, la gratitud demuestra que establecemos un valor en la bondad de Dios. «Para mostrar en los tiempos venideros la incomparable riqueza de su gracia, que por su bondad derramó sobre nosotros en Cristo Jesús» (Efesios 2:7).

> «Pero cuando se manifestaron la bondad y el amor de Dios, nuestro Salvador, él nos salvó, no, por nuestras propias obras de justicia, sino por su misericordia. Nos salvó mediante el lavamiento de la regeneración y de la renovación por el Espíritu Santo, el cual fue derramado abundantemente sobre nosotros por medio de Jesucristo nuestro Salvador. Así lo hizo para que, justificados por su gracia, llegáramos a ser herederos que abrigan la esperanza de recibir la vida eterna».
>
> (Tito 3:4-7)

La santificación es, por lo tanto, el proceso mediante el cual somos hechos santos. Es un proceso y una experiencia. Sin embargo, se utiliza, en el Nuevo Testamento, en más de una manera. La santificación le sucede a todo cristiano. El Señor le dijo a Pablo: «Te envío a éstos para que les abras los ojos y se conviertan de las tinieblas a la luz, y del poder de Satanás a Dios, a fin de que, por la fe en mí, reciban el perdón de los pecados y la herencia entre los santificados» (Hechos 26:17-18). Esto se debe a que todos somos santificados en Cristo. «Pero gracias a él ustedes están unidos a Cristo Jesús, a quien Dios ha hecho nuestra sabiduría —es decir, nuestra justificación, santificación y redención—» (1 Corintios 1:30).

Ninguno ha luchado contra la enseñanza de la santificación más que yo; sin faltarle el respeto a nadie —porque estoy en gran deuda con Dios por mi propia historia— pero crecí en una denominación que tenía una doctrina de la santificación muy confusa. Los mejores teólogos discutían entre ellos si ella significaba el total desarraigo del «pecado innato» o si, verdaderamente, era la doctrina de santificación de John Wesley (probablemente, no).

Mi punto es este: trabajé mucho y por largo tiempo para entender la enseñanza de la santificación del Nuevo Testamento. Me dijeron que era el segundo de «dos actos de gracia», y que era «la santificación completa». Como resultado, uno se deshacía de la «naturaleza carnal». Esta carnalidad estaba fuertemente ligada al hecho de que uno perdiera los estribos o no. Si lo hacía, demostraba que, al fin y al cabo, no estaba completamente santificado. Para mí, esto significaba «otro paseo por el altar», así podía dejar de enojarme y estar seguro de que tenía la santificación completa. Nunca lo hice.

Debido a mi historia y a mi entrada a la teología reformada, mediante la revelación del Espíritu Santo, debí trabajar más tiempo para entender precisamente lo que Jesús enseñó, al igual que las epístolas. ¡Imaginen mi alivio, cuando vi que es mejor comprendida, simplemente, como nuestra gratitud! No, la perfección inmaculada. Solo gratitud.

Por lo tanto, la santificación es progresiva y no se completa hasta que seamos glorificados. Como dijo Pablo:

> «Por lo tanto, hermanos, tomando en cuenta la misericordia de Dios, les ruego que cada uno de ustedes, en adoración espiritual, ofrezca su cuerpo como sacrificio vivo, santo y agradable a Dios. No se amolden al mundo actual, sino sean transformados mediante la renovación de su mente. Así podrán comprobar cuál es la voluntad de Dios, buena, agradable y perfecta».
>
> (Romanos 12:1-2)

«No es que ya lo haya conseguido todo, o que ya sea perfecto. Sin embargo, sigo adelante esperando alcanzar aquello para lo cual Cristo Jesús me alcanzó a mí. Hermanos, no pienso que yo mismo lo haya logrado ya. Más bien, una cosa hago: olvidando lo que queda atrás y esforzándome por alcanzar lo que está delante, sigo avanzando hacia la meta para ganar el premio que Dios ofrece mediante su llamamiento celestial en Cristo Jesús».

(Filipenses 3:12-14)

Además, la santificación es un compromiso eterno. Si la «obtenemos» por completo a lo largo del camino, ¡podemos despreocuparnos de allí en adelante! Pero solo la glorificación marcará el fin de ese compromiso en la vida. «A los que predestinó, también los llamó; a los que llamó, también los justificó; y a los que justificó, también los glorificó» (Romanos 8:30). Mientras tanto, demostramos nuestra gratitud a Dios por esta pura gracia, mediante una vida santa, abnegada, y al caminar en la luz. No, para ganarnos el cielo, sino en agradecimiento a que tenemos el cielo asegurado.

¿Por qué es tan importante este capítulo? Primero, como hemos visto, la gratitud debe enseñarse; nunca debemos suponer que se obtiene automáticamente. La santificación debe predicarse; por eso todas las epístolas de Pablo exhortan a su aceptación y práctica. Además, muchos cristianos están confundidos con el lugar de la santificación en la vida cristiana. Este capítulo le proporcionará una solidez teológica y un marco bíblico. Debemos darnos cuenta de cuánto odia Dios la ingratitud; la advertencia debería muy bien ser oportuna para muchos de nosotros. También es alentador saber cuánto ama Dios nuestra gratitud; este capítulo debe instarnos a ser más agradecidos que nunca.

La santificación no precede, sino que sigue a la regeneración. Regeneración significa nacer de nuevo. La regeneración comienza como un trabajo inconsciente del Espíritu Santo. Es lo que produce fe. «Así que no dejamos de dar gracias a Dios, porque al oír ustedes la palabra de Dios que les predicamos, la aceptaron no como palabra humana sino como lo que realmente es, palabra de Dios, la cual actúa en ustedes los creyentes» (1 Tesalonicenses 2:13). La fe no produce regeneración. La regeneración produce fe. La fe demuestra que la vida ya estaba allí; de lo contrario, uno no podría tener fe.

Mucha gente puede decirte «el día y la hora» en que nacieron de nuevo. A otras personas le resulta difícil ser tan específicos, y sé a lo que se refieren. Augusto Toplady (1740-78) dijo que sabemos que el sol salió, aunque no hayamos estado despiertos en el momento en que lo hizo. Lo que probablemente sea verdad es que muchas personas pueden decirte el día y la hora en que tomaron conciencia de su salvación; en otras palabras, cuándo estuvieron seguros de ella.

La regeneración es la vida de Dios en el alma de la persona. «Y el testimonio es este: que Dios nos ha dado vida eterna, y esa vida está en su Hijo. El que tiene al Hijo, tiene la vida; el que no tiene al Hijo de Dios, no tiene la vida» (1 Juan 5:11-12). Es lo que nos despertó al estar «muertos» (Efesios 2:1). Antes de que tuviéramos vida no había manera de que pudiéramos creer. La vida viene primero; la fe le sigue. Por eso Pablo dice: «Pero Dios, que es rico en misericordia, por su gran amor por nosotros, nos dio vida con Cristo, aun cuando estábamos muertos en pecados. ¡Por gracia ustedes han sido salvados!» (Efesios 2:4-5).

La regeneración se denomina una «nueva creación»: «Por lo tanto, si alguno está en Cristo, es una nueva creación. ¡Lo viejo ha pasado, ha llegado ya lo nuevo!» (2 Corintios 5:17). Es lo que Dios hace y es tan sobrenatural como cuando Dios dijo en el principio: «¡Que exista la luz!» y se hizo la luz (Génesis 1:3). La nueva creación de Dios es hecha mediante el Redentor soberano (Efesios 1:7).

Por lo tanto, como la fe sigue a la regeneración, entonces la santificación sigue al hecho de nacer de nuevo. No podemos entrar al proceso de ser hechos santos hasta que la vida, hecha posible por el Espíritu Santo, esté allí para hacerlo posible. Tratar de hacer santa a una persona antes de que tenga fe es como intentar que el caballo siga al carro. Es pedirle a una persona que haga buenas obras, cuando, en realidad, necesita saber que es salva mediante la obra de Cristo.

Somos salvos solo por la fe en Cristo. La rectitud de Dios nos es dada «mediante la fe en Jesucristo» (Romanos 3:22). El objetivo de la fe es la sangre de Cristo (Romanos 3:25).

El evangelio de Cristo son las buenas nuevas de que somos salvos sin obras. No es dado a la persona que trabaja para obtenerlo, sino a la que no trabaja para obtenerlo. «Sin embargo, al que no trabaja, sino que cree en el que justifica al malvado, se le toma en cuenta la fe como justicia» (Romanos 4:5). «¿Dónde, pues, está la jactancia? Queda excluida» (Romanos 3:27). «Porque por gracia ustedes han sido salvados mediante la fe; esto no procede de ustedes, sino que es el regalo de Dios, no por obras, para que nadie se jacte» (Efesios 2:8-9).

Por lo tanto, si hemos entendido la naturaleza del evangelio (que somos salvos incondicionalmente) nos preguntaremos: «¿Qué inferiremos? ¿Que vamos a persistir en el pecado, para que la gracia abunde?» (Romanos 6:1). ¡Si nunca nos hicimos esta pregunta, tal vez, no hayamos entendido el evangelio por completo! ¡E, incluso, si pensamos que podemos seguir pecando, significa que definitivamente no lo hemos entendido! Esta es la razón de Romanos 6, que muestra que el viejo hombre «fue crucificado» (Romanos 6:6). ¡No que seamos incapaces de pecar, sino porque somos capaces de no pecar! Las cuatro etapas de San Agustín se describen de la siguiente manera:

1. capaz de pecar (antes de la caída);
2. incapaz de no pecar (luego de la caída);
3. capaz de no pecar (después de la regeneración);
4. incapaz de pecar (glorificación).

Por lo tanto, Pablo le dice a la persona regenerada: «De la misma manera, también ustedes considérense muertos al pecado, pero vivos para Dios en Cristo Jesús» (Romanos 6:11); «Por lo tanto, no permitan ustedes que el pecado reine en su cuerpo mortal, ni obedezcan a sus malos deseos» (Romanos 6:12); «La voluntad de Dios es que sean santificados; que se aparten de la inmoralidad sexual» (1 Tesalonicenses 4:3).

Como dije, la santificación debe predicarse y enseñarse; por eso tenemos las epístolas de Pablo. Por ejemplo, mira estas palabras:

«¿No saben que los malvados no heredarán el reino de Dios? ¡No se dejen engañar! Ni los fornicarios, ni los idólatras, ni los adúlteros, ni los sodomitas, ni los pervertidos sexuales, ni los ladrones, ni los avaros, ni los borrachos, ni los calumniadores, ni los estafadores heredarán el reino de Dios. Y eso eran algunos de ustedes. Pero ya han sido lavados, ya han sido santificados, ya han sido justificados en el nombre del Señor Jesucristo y por el Espíritu de nuestro Dios».

(1 Corintios 6:9-11)

Por lo tanto, la santificación no es una condición de la salvación; de lo contrario, miraríamos nuestra santificación para asegurarnos de ser salvos, lo que sería un evangelio de obras (Gálatas 1:6). La santificación es obedecer a Dios como evidencia de nuestra gratitud hacia él por habernos salvado gentilmente. Debido a esto, Pablo dijo: «Por lo tanto, hermanos, esfuércense más todavía por asegurarse del llamado de Dios, que fue quien los eligió. Si hacen estas cosas, no caerán jamás» (2 Pedro 1:10). Es obediencia, es cierto, pero una obediencia que debe enseñarse. Y sucede lo mismo con la gratitud; la gratitud también debe enseñarse: «Este mensaje es digno de confianza, y quiero que lo recalques, para que los que han creído en Dios *se empeñen en hacer buenas obras*. Esto es excelente y provechoso para todos» (Tito 3:8).

Dios odia la ingratitud, pero ama nuestra gratitud. En Romanos 1, Pablo demuestra la justicia de la ira de Dios en el hombre. El hombre oculta la verdad mediante su maldad. «Ciertamente, la ira de Dios viene revelándose desde el cielo contra toda impiedad e injusticia de los seres humanos, que con su maldad obstruyen la verdad» (Romanos 1:18). Lo que se conoce acerca de Dios es evidente para el hombre, por lo tanto, no tiene excusas (Romanos 1:19-20). Esas personas «no lo glorificaron como a Dios *ni le dieron gracias*» (Romanos 1:21).

Pablo enumera las condiciones de la maldad en los últimos días. «La gente estará llena de egoísmo y avaricia; serán jactanciosos, arrogantes, blasfemos, desobedientes a los padres, *ingratos*, impíos» (2 Timoteo 3:2). En una generación que hacía lo «que le parecía mejor» (Jueces 21:25), su apostasía estaba arraigada en la ingratitud.

«Los israelitas hicieron lo que ofende al Señor; se olvidaron del Señor su Dios, y adoraron a las imágenes de Baal y de Asera».

(Jueces 3:7)

«Pero como se olvidaron de su Señor y Dios, él los entregó al poder de Sísara, comandante del ejército de Jazor, y al poder de los filisteos y del rey de Moab, y ellos les hicieron la guerra».

(1 Samuel 12:9)

«Echaron al olvido sus proezas,
las maravillas que les había mostrado».

(Salmo 78:11)

«Pero muy pronto olvidaron sus acciones
y no esperaron a conocer sus planes».

(Salmo 106:13)

La ingratitud es, por lo tanto, algo tan serio que Moisés advirtió: «Si llegas a olvidar al Señor tu Dios, y sigues a otros dioses para adorarlos e inclinarte ante ellos, testifico hoy en contra tuya que ciertamente serás destruido. Si no obedeces al Señor tu Dios, te sucederá lo mismo que a las naciones que el Señor irá destruyendo a tu paso» (Deuteronomio 8:19-20; Levítico 26).

¿Cómo demostramos nuestra gratitud? Al decírselo a Dios. Pero eso no es todo. También lo hacemos mediante una vida santa. Nunca olvidemos que no somos salvos por ser santos; somos santos porque hemos sido salvos. Pero porque todos somos pecadores, nos olvidamos fácilmente y nos despreocupamos.

«¡Oh, de la gracia qué gran deudor
Cada día me obligo a ser!
Propenso a vagar, Señor, me siento,
Propenso a abandonar al Dios que amo;
Toma mi corazón, tómalo y séllalo,
¡Séllalo desde tus atrios en lo alto!».

(Robert Robinson, 1735-1790)

La santificación no solo es posible, sino inevitable, si somos salvos. Pero la profundidad de nuestra santidad estará determinada por cuán agradecidos seamos.

La gratitud se demuestra, además, al darle a Dios la décima parte de nuestros ingresos. El diezmo era legal bajo el tiempo de la ley. «El diezmo de todo producto del campo, ya sea grano de los sembrados o fruto de los árboles, pertenece al Señor, pues le está consagrado» (Levítico 27:30). Esto significaba que se exigía. Bajo Abraham, surgió como un principio cuando él, y Jacob, después de él, dieron la décima parte voluntariamente (Génesis 14:20; Génesis 28:22).

Nosotros, sin embargo, no estamos bajo la Ley, sino bajo la gracia. No se nos exige diezmar como condición de nuestra salvación. Pero Dios promete bendecir a todos aquellos que lo hacen (no tenía que hacerlo): «Traigan íntegro el diezmo para los fondos del templo, y así habrá alimento en mi casa. Pruébenme en esto —dice el Señor Todopoderoso—, y vean si no abro las compuertas del cielo y derramo sobre ustedes bendición hasta que sobreabunde» (Malaquías 3:10). Este principio continúa en el Nuevo Testamento (1 Corintios 16:2). El principio de recibir bendiciones también continúa: «Recuerden esto: "El que siembra escasamente, escasamente cosechará, y el que siembra en abundancia, en abundancia cosechará"» (2 Corintios 9:6).

También, mostramos gratitud compartiendo nuestra fe. «Como el Padre me envió a mí, así yo los envío a ustedes» (Juan 20:21b). Mostramos nuestro agradecimiento a Dios por habernos salvado, compartiendo nuestra fe con los demás. ¿Qué sería de nosotros si nuestra gratitud a Dios se resumiera completamente a nuestro nivel de testificarles a los demás? ¿Qué grado de gratitud a Dios habría usted manifestado hasta ahora? Hay un glorioso beneficio extra al compartir nuestra fe: «Pido a Dios que el compañerismo que brota de tu fe sea eficaz para la causa de Cristo mediante el reconocimiento de todo lo bueno que compartimos» (Filemón 6).

Le expresamos gratitud a Dios a través de la cantidad de tiempo que pasamos a solas con él. Revelamos cuán importante es otra persona para nosotros por la cantidad de tiempo que le brindamos. ¿Cuánto tiempo le da solamente a Dios para estar completamente a solas con él y hablar únicamente con él? No habrá oraciones como éstas en el cielo. ¿Está satisfecho con su vida personal de oración? De no ser así, haga algo al respecto ¡comenzando hoy mismo!

Agradecemos a Dios al descubrir lo que le agrada. Esto viene al experimentar dos cosas: andar en luz (1 Juan 1:7), y familiarizarse con el Espíritu de Dios que no debe ser contristado (Efesios 4:30). Cuando discernimos lo que le agrada, ¡sabemos mejor *cómo* agradarle!

Mostramos agradecimiento, también, al asistir a la iglesia. Es un insulto no pequeño hacia Dios el que su pueblo no sea hallado reuniéndose regularmente. «No dejemos de congregarnos, como acostumbran hacerlo algunos, sino animémonos unos a otros, y con mayor razón ahora que vemos que aquel día se acerca» (Hebreos 10:25).

Incluso, mostramos gratitud al respetar a quienes Dios ha puesto sobre nosotros. Pablo dijo: «Ténganlos en alta estima, y ámenlos por el trabajo que hacen. Vivan en paz unos con otros» (1 Tesalonicenses 5:13). Más aún: «Acuérdense de sus dirigentes, que les comunicaron la palabra de Dios. Consideren cuál fue el resultado de su estilo de vida, e imiten su fe» (Hebreos 13:7).

El agradecimiento a Dios se manifiesta por hacer buenas obras, tales como ayudar cuando es necesario. La Versión Reina Valera se refiere al don de «ayudar» (1 Corintios 12:28);

«los que ayudan a otros», dice la NVI. Esto puede abarcar tareas como visitar a los enfermos, las viudas, los presos, los desamparados (Santiago 1:27). También incluye alimentar a los pobres (Santiago 2:6, 14), o alcanzar a alguien hasta la iglesia. Puede significar realizar tareas que nadie quiere hacer en ella: limpiar, ayudar con las flores, o lo que se necesite. Lo que sea que facilite el trabajo de su pastor, de modo que el diez por ciento de las personas no esté haciendo el cien por ciento del trabajo.

¿Por qué está agradecido? Si no puede pensar en motivos por los cuales estar agradecido, tómese un tiempo para confeccionar una lista de oración, ¡o una lista de «adoración»! Aquí le presento algunas sugerencias para comenzar:

> Por la salvación: Dios envió a su hijo a morir en una cruz;
> Porque le dio fe;
> Por su iglesia, por esa persona que le tendió una mano y lo guió a Cristo;
> Por su ministro, esa persona cuya predicación y pastoreo alimentan su alma;
> Por su trabajo, sus ingresos;
> Por su salud;
> Por su Biblia;
> Por lo que Dios está haciendo por usted hoy y por lo que hizo ayer.

¡Cuando comience a contar sus bendiciones, verá que la lista es interminable! Porque no hay final para aquélla en la que demostramos nuestra gratitud a Dios.

Capítulo 9
La importancia del domingo de Ramos

«¿Sabes cuál es el mayor santo del mundo? No es el que ora más o ayuna más, no es el que ama más, sino que es el que siempre está agradecido con Dios, el que recibe todo como una instancia de la bondad de Dios y tiene un corazón siempre presto a alabarlo por ello».

(William Law, 1686-1761)

El propósito de este capítulo es mostrar la forma en la que Dios acepta la alabanza, aun si está basada en expectativas irreales, una mala comprensión de los términos o simple ignorancia. Porque el Señor mismo planeó todo el escenario que examinaremos en este capítulo.

El suceso original del Domingo de Ramos se menciona en los cuatro evangelios del Nuevo Testamento: Mateo 21:1-17, Marcos 11:1-11, Lucas 19:28-40 y Juan 12:12-19. También se anuncia en el Antiguo Testamento: «¡Alégrate mucho, oh hija de Sion! ¡Da voces de júbilo, oh hija de Jerusalén! He aquí, tu rey viene a ti, justo y victorioso, humilde y montado sobre un asno, sobre un borriquillo, hijo de asna» (Zacarías 9:9).

Solo Mateo y Juan hacen referencia a Zacarías 9:9, pero los cuatro evangelios se refieren al Salmo 118:26: «Bendito el que viene en el nombre del Señor. Desde la casa del Señor los bendecimos». Tres de los evangelios añaden: «¡Bendito el reino venidero de nuestro padre David!» (Marcos 11:10), «¡Paz en el cielo y gloria en las alturas!» (Lucas 19:38) y «¡Bendito el Rey de Israel!» (Juan 12:13).

Los tres evangelios usan el término «Hosanna», que significa «salvar», «él salva» o «salvación»: «¡Hosanna al Hijo de David! ... ¡Hosanna en las alturas!» (Mateo 21:9), «¡Hosanna en las alturas!» (Marcos 11:10) y «¡Hosanna!» (Juan 12:13). ¿Pero se daba cuenta la gente de lo que estaban diciendo cuando exclamaban: «él salva» o «salvación»?

Los evangelios sinópticos refieren la orden de Jesús de ir a un pueblo, encontrar un burro, desatarlo y traérselo. Marcos y Lucas indican que se les preguntó por qué querían el burrito (Marcos 11:5; Lucas 19:33). Mateo se refiere a una burra y un burrito; los discípulos debían traerlos a ambos a Jesús (Mateo 21:2). Juan dice que «Jesús encontró un burrito y se montó en él» (Juan 12:14).

El Domingo de Ramos obtiene su nombre del evento que tuvo lugar cinco días antes de la Pascua. La Pascua ese año era el Viernes Santo (el 14 de Nissan). Jesús llegó a Betania «seis días antes de la Pascua» (Juan 12:1). «Al día siguiente», que habría sido el primer día de la semana (lo que nosotros ahora llamamos domingo), «muchos de los que habían ido a la fiesta se enteraron de que Jesús se dirigía a Jerusalén» (Juan 12:12).

Juan entonces dice: «Tomaron ramas de palma y salieron a recibirlo, gritando a voz en cuello: "¡Hosanna! ¡Bendito el que viene en el nombre del Señor! ¡Bendito el Rey de Israel!"» (Juan 12:13). Por lo tanto, nosotros llamamos a ese día Domingo de Ramos. Era el primer día de lo que ahora conocemos como Semana Santa. El comienzo de la última semana de Jesús sobre la Tierra.

Nunca en la historia ha habido un suceso que pareciera tan promisorio pero que acabara en tal desesperanza. Cuando Jesús comenzó su descenso del Monte de los Olivos hacia Jerusalén, la multitud estaba emocionada. Los discípulos se sentían vindicados de haber dejado todo para seguir a Jesús. La multitud estaba convencida de que el Mesías tan esperado finalmente había llegado. Muchos de los presentes sabían del hecho de que Jesús había resucitado a Lázaro de la muerte (Juan 12:17), y ellos razonaban que a alguien que tuviera el poder para hacer un milagro así, no le sería difícil vencer a Roma. Pero para el tiempo en que llegó la Pascua, todo había cambiado.

Jesús fue traicionado por Judas Iscariote (Juan 18:2; Mateo 26:48-55).
Todos los discípulos lo abandonaron y huyeron (Mateo 26:56).
Jesús fue condenado por el Sanedrín (Mateo 26:65-66).
Pedro negó conocer a Jesús (Mateo 26:69-75).
Poncio Pilato ordenó su crucifixión (Mateo 27:26).
Jesús fue crucificado (Mateo 27:35).

¿Cuál es la importancia del Domingo de Ramos? Jesús lo inició. También debe ser importante, ya que fue anunciado en el Antiguo Testamento. Los cuatro evangelios lo describen con distintos detalles. Pero nada resultó como la gente esperaba.

No olvidemos que el Señor Jesucristo fue el arquitecto de de todo este asunto. Eso en sí mismo lo hace importante. Si Dios está en algo, eso es importante, a pesar del aparente resultado. ¡El hecho de que algo no resulta ser lo que la mayoría cree que es un final feliz no es un indicativo de que Dios no está detrás del asunto! El Domingo de Ramos, entre otras cosas, le dio a la gente la oportunidad de verbalizar su alabanza a Dios, aún si no aplicaron correctamente la palabra «Hosanna», como explicaremos más adelante.

Jesús la ordenó, y aun los mínimos detalles encajaron. Él sabía de antemano lo que estaba por suceder, cómo reaccionaría la gente y cómo terminaría la semana.

«Cuando se acercaban a Jerusalén y llegaron a Betania, al monte de los Olivos, Jesús envió a dos discípulos con este encargo: "Vayan a la aldea que tienen enfrente, y ahí mismo encontrarán una burra atada, y un burrito con ella. Desátenlos y tráiganmelos. Si alguien les dice algo, díganle que el Señor los necesita, pero que ya los devolverá"».

(Mateo 21:1-3)

Los discípulos hicieron como Jesús les había dicho y descubrieron que todo se cumplió. Hallaron el burro, y cuando la gente les preguntó: «¿Qué hacen desatando el burrito?» (Marcos 11:5), ellos respondieron como Jesús les había indicado, y la gente los dejó ir (Marcos 11:6).

La profecía se estaba cumpliendo. Dios honra su propia palabra profética. Mateo dice: «Esto sucedió para que se cumpliera lo dicho por el profeta». Zacarías 9:9 no da indicios de lo que significan esas palabras. Sin embargo, todo acontecimiento que el Nuevo Testamento toma tan seriamente, como en este caso, debe ser ciertamente muy importante y debemos prestarle atención. El Domingo de Ramos fue, por lo tanto, una idea de Dios. Por esa razón fue avisado anticipadamente y recibe tanta atención en el Nuevo Testamento.

Normalmente, un rey cabalgaría sobre un caballo. Un rey vive en un palacio. Usa «ropa fina» (Mateo 11:8). Los reyes del Antiguo Testamento andaban en carros conducidos por caballos. Jesús no entró en Jerusalén así, sino en un burro. Esto debe de haber mandado un mensaje a las multitudes. El mismo Jesús que no tenía «donde recostar su cabeza» (Lucas 9:58) no estaba cambiando su estilo de vida a último momento. ¡Él era un rey siervo! Los discípulos, sin embargo, todavía no lo comprendían. Luego, en la semana, «Tuvieron, además, un altercado sobre cuál de ellos sería el más importante» (Lucas 22:24). Jesús sabía de la rivalidad que existía entre los doce, que salió a luz unos días más tarde.

«Jesús les dijo: "Los reyes de las naciones oprimen a sus súbditos, y los que ejercen autoridad sobre ellos se llaman a sí mismos benefactores. No sea así entre ustedes. Al contrario, el mayor debe comportarse como el menor, y el que manda como el que sirve.

Porque, ¿quién es más importante, el que está a la mesa o el que sirve? ¿No lo es el que está sentado a la mesa? Sin embargo, yo estoy entre ustedes como uno que sirve"».

(Lucas 22:25-27)

«Luego echó agua en un recipiente y comenzó a lavarles los pies a sus discípulos y a secárselos con la toalla que llevaba a la cintura».

(Juan 13:5)

«Les he puesto el ejemplo, para que hagan lo mismo que yo he hecho con ustedes. Ciertamente les aseguro que ningún siervo es más que su amo, y ningún mensajero es más que el que lo envió».

(Juan 13:15-16)

El Domingo de Ramos es una demostración de cómo Dios acepta la alabanza, aun si la hacemos por razones incorrectas. Ese es el punto. Aunque fuere por motivos erróneos, la gente estaba muy emocionada. Sentían que Jesús descubriría su mesianismo y que Dios aceptaría su alabanza. Estaban seguros de que Jesús derrotaría a Roma y pensaron que la entrada en Jerusalén prepararía el camino para eso. Por ello gritaban «Hosanna». «Salvación» significaba una cosa para ellos y otra, bastante diferente, para la Iglesia, un tiempo después. Su alabanza, no obstante, honraba a Dios. Porque Jesús lo afirmó (Mateo 21:16). «Pero él respondió: "Les aseguro que si ellos se callan, gritarán las piedras"» (Lucas 19:40).

Dios aceptó no solo la alabanza, ¡sino, además, la participación de los niños! El Domingo de Ramos nos muestra que Dios puede agradarse de darles la prominencia en la adoración. Los niños, a menudo, no son tenidos en cuenta, incluso, por parte de aquellos que creen que están cerca de Jesús (Mateo 19:13). Quizás los discípulos querían a Jesús todo para ellos solos. Tal vez, pensaron que Jesús no querría ser molestado. ¡No lo conocían tan bien como creían! «Jesús dijo: "Dejen que los niños vengan a mí, y no se lo impidan, porque el reino de los cielos es de quienes son como ellos"» (Mateo 19:14).

Los niños alborotados alrededor de Jesús es algo que siempre indigna a los religiosos: «Pero cuando los jefes de los sacerdotes y los maestros de la ley vieron que hacía cosas maravillosas, y que los niños gritaban en el templo: "¡Hosanna al Hijo de David!", se indignaron» (Mateo 21:15). Jesús aceptó y defendió la alabanza de los niños. «Oyes lo que ésos están diciendo?», protestaron. «¡Claro que sí!», respondió Jesús; «¿no han leído nunca: "En los labios de los pequeños y de los niños de pecho has puesto la perfecta alabanza?"» (Mateo 21:16).

El Domingo de Ramos también muestra cómo se siente Dios, cuando perdemos lo que pudo haber sido nuestro. El rey siervo era un rey llorón. Era un hecho: Jesús lloró (Juan 11:35). Fue en la tumba de Lázaro. Hemos visto que Marta y María se sintieron heridas porque Jesús apareció cuatro días después del funeral. «Señor», le dijo Marta a Jesús, «si hubieras estado aquí, mi hermano no habría muerto» (Juan 11:21). La respuesta de Jesús fue que lloró. Y fue por una razón: porque le importaba. Él no sermoneó ni les dio una lección, sino que lloró, aunque sabía que resucitaría a Lázaro de la muerte, en unos instantes. Por lo tanto, Jesús lloró el Domingo de Ramos. Mientras que otros estaban gritando, él lloraba. «Cuando se acercaba a Jerusalén, Jesús vio la ciudad y lloró por ella» (Lucas 19:41). Es la manera en que Jesús se siente con respecto a una ciudad que no quiere conocerlo.

¿Por qué lloró Jesús el Domingo de Ramos? Porque lo que era de ellos, por derecho, lo estaban perdiendo: «Dijo: "¡Cómo quisiera que hoy supieras lo que te puede traer paz! Pero eso ahora está oculto a tus ojos"» (Lucas 19:42). Lloró por lo que les sucedería como resultado de su rechazo hacia él: «Te sobrevendrán días en que tus enemigos levantarán un muro y te rodearán, y te encerrarán por todos lados» (Lucas 19:43). Lloró porque no habían reconocido el tiempo de la oración contestada: «Porque no reconociste el tiempo en que Dios vino a salvarte» (Lucas 19:44). Todo por los años y años de gratitud hacia Dios, acumulada al punto en que Dios dijo «¡Basta!»: «Les aseguro que todo esto vendrá sobre esta generación» (Mateo 23:36). Dios siente profundamente lo que estamos dejando pasar. Ese es el modo en que se sintió con respecto a la antigua Israel. «¿Cómo podría yo entregarte, Efraín?» (Oseas 11:8). «Diles: "Tan cierto como que yo vivo, afirma el Señor omnipotente, que no me alegro con la muerte del malvado, sino con que se convierta de su mala conducta y viva. ¡Conviértete, pueblo de Israel; conviértete de tu conducta perversa! ¿Por qué habrás de morir?"» (Ezequiel 33:11). Jesús expresó ese mismo sentimiento el Domingo de Ramos. Este día, también, refleja un patrón para el avivamiento. Cada uno de ellos, en la historia de la Iglesia, tiene un ciclo. Hubo un principio, una continuación y un final. Cuando se terminó, se terminó. Todos llegan a un final. Por lo tanto, cuando se acabó el Domingo de Ramos, se acabó. Pero, mientras dura, tenemos toda clase de gente en el medio, y sus motivaciones pueden estar mezcladas. El patrón de avivamiento del Domingo de Ramos comenzó con la orden: «vayan». Los verdaderos avivamientos comienzan con obediencia: «Vayan a la aldea que tienen enfrente. Tan pronto como entren en ella, encontrarán atado un burrito, en el que nunca se ha montado nadie. Desátenlo y tráiganlo acá» (Lucas 16:10). Ellos debían buscar un burro. ¿Por qué? No lo comprendían entonces, ¡pero encontraron el burro y pronto entendieron! Se arriesgaron a ser mal interpretados, tomando un burro que no les pertenecía (Marcos 11:2-3). Una vez que sus temores se disiparon, ¡estaban preparados para más!

El Señor mismo, luego, se involucró abiertamente. Hasta ahora, había estado detrás de escena. Una vez que los discípulos obedecieron y habían renovado sus fuerzas, el Señor, en persona, apareció en el cuadro: «Muchos tendieron sus mantos sobre el camino; otros usaron ramas que habían cortado en los campos. Tanto los que iban delante como los que iban detrás, gritaban: "¡Hosanna! ¡Bendito el que viene en el nombre del Señor!"» (Marcos 11:8-9).

Muchos hoy están correctamente interesados en el avivamiento. El Domingo de Ramos muestra ciertos parámetros de los avivamientos verdaderos:

> El énfasis estaba en Jesús y en la salvación (Marcos 11:9-10).
> Las Escrituras fueron reivindicadas (Marcos 11:9-10).
> Abarcaba a todos, incluyendo los niños (Mateo 21:15).
> Trajo oposición (Mateo 21:15).
> Toda la ciudad fue conmocionada (Mateo 21:10).
> Hizo que la gente preguntara: «¿Quién es Jesús?» (Mateo 21:10).
> La Iglesia fue purificada. «Jesús entró en el templo y echó de allí a todos los que compraban y vendían. Volcó las mesas de los que cambiaban dinero y los puestos de los que vendían palomas» (Mateo 21: 12).
> Había señales y maravillas. «Se le acercaron en el templo ciegos y cojos, y los sanó» (Mateo 21:14).

El Domingo de Ramos demuestra lo que yo denomino una «comprensión tardía»; al principio, no fue apreciado. ¡La alabanza no tiene que ser pronunciada solo por los labios de los teólogos eruditos! Había una gran expectativa al comienzo del día, y luego todo se acabó. «Al principio, sus discípulos no entendieron lo que sucedía. Solo después de que Jesús fue glorificado, se dieron cuenta de que se había cumplido en él lo que de él ya estaba escrito» (Juan 12:16). Pero su alabanza fue aceptada por el Señor. La verdadera gratitud por todo eso vino más tarde.

Muchas veces, fallamos en captar el significado de un momento en el que Dios está, solo para darnos cuenta, después, de lo precioso que fue. Jacob dijo: «En realidad, el Señor está en este lugar, y yo no me había dado cuenta» (Génesis 28:16).

¿Por qué no fue comprendido el Domingo de Ramos en la forma debida, aunque las multitudes superaban en número a aquellos que seguían al Señor inicialmente? Comenzó con dos discípulos, luego (se supone), siguió con los doce. Pero pronto vinieron las multitudes, en parte, como resultado de la resurrección de Lázaro. El avivamiento, probablemente, causará que la gente aparezca de la nada y que lo disfrute completamente, a pesar de no haber estado participando desde el principio. La adoración espontánea fluirá y romperá las tradiciones.

¿Estaban ellos atemorizados? Posiblemente, sí. Porque está escrito: «No temas, hija de Sion» (Juan 12:15). Hay veces, en que, aun los mejores hijos de Dios, tienen temor de lo nuevo. A menudo, la obra de Dios comienza de un modo poco convincente, como una raíz de tierra seca (Isaías 53:2). Espiritualmente, puede definirse como cerrar la brecha de tiempo entre la aparición de la gloria de Dios y nuestra comprensión de ella.

El Domingo de Ramos muestra el juicio de Dios sobre el lugar de adoración. Luego de que Jesús entró en la zona del templo y volcó las mesas de los cambistas: «Escrito está», les dijo: «Mi casa será llamada "casa de oración"; pero ustedes la están convirtiendo en "cueva de ladrones"» (Mateo 21:13). Es interesante que él llame al templo «mi casa». ¡La considera suya! La idea del templo como casa de oración no había entrado en la mente de nadie. El templo había perdido su significado. Jesús lo restauró y le dio a su pueblo una razón para agradecerle a Dios, más que nunca.

Por lo tanto, Jesús mostró la importancia de que su casa sea tomada como un lugar de oración y de alabanza a Dios. Eso debería incluir la oración de los individuos: significa una oración corporativa e intercesora (Salmo 12:5). Eso es pararse en la brecha (Salmo 106:23).

Y aún así, el diseño mismo del templo y los utensilios sagrados que había en él mostraban que había sido erigido para la oración:

Sacrificio de sangre sobre el altar;
Fuente: conciencias limpias para orar;
Mesa: comunión con el Señor;

Lámparas: iluminación o revelación mientras disfrutamos de la comunión con Dios;
Altar del incienso: su fragancia traspasaba la cortina.

El Domingo de Ramos también se refiere al giro decepcionante que Jesús dio. Todo dependía de la dirección que él tomó, una vez que entró a la ciudad de Jerusalén. Sorprendió y desilusionó a todos. Él tenía dos opciones:

1. girar a la izquierda: al área del templo;
2. girar a la derecha: al palacio del gobernador.

Imagínese a Jesús, bajando del Monte de los Olivos: atraviesa la puerta del este. Un giro a la derecha significaba que confrontaría a Roma. Un giro a la izquierda significaba que confrontaría a los religiosos. Y terminaría muriendo en una cruz. Esto es lo que hizo. ¿Se le ha ocurrido agradecer a Dios porque Jesús giró a la izquierda? Ello dio forma a su destino y al nuestro, y al contenido del evangelio en el que creemos.

¿Qué significó ese giro a la izquierda? Pues, cinco cosas:

1. Jesús estaba más preocupado por los líderes religiosos que por los políticos.
2. Jesús estaba más preocupado por las almas perdidas que por la injusticia política.
3. Jesús estaba más preocupado por la verdadera oración que por la acción política.
4. Jesús estaba más preocupado por obedecer a su Padre que por cumplir con las expectativas de los hombres.
5. Jesús estaba más preocupado por su muerte y resurrección que por derrotar a las autoridades romanas.

El Domingo de Ramos, también, nos muestra cómo tratar con la desilusión, y alabar a Dios, de todos modos. El tema es los sueños frente a la realidad. Un sueño puede estar basado en expectativas irrealistas. La realidad es lo que Dios ya hizo. La gente tuvo que luchar con el hecho de que el Domingo de Ramos no cumplió las expectativas. La verdad puede decepcionarnos al principio, pero esta verdad resultó ser transformadora. El resultado final fue la cruz y la resurrección.

Una semana más tarde, los seguidores de Jesús no tenían más pesar (esto es, después de haberse levantado de entre los muertos). Dios siempre lo hace así. Él santifica nuestras angustias más profundas. Agradezca a Dios por el Domingo de Ramos. ¡La gente allí lo hizo, aun sin entender su significado! Pero nosotros, sí, entendemos, así que deberíamos ser los más agradecidos.

El Domingo de Ramos, por tanto, era la idea de Dios. Aunque la gente lo alababa con poco o ningún entendimiento de lo que estaban haciendo, Jesús lo confirmó. Solo él sabía lo que venía por delante. Y todavía lo sabe: todo lo que haga estará absolutamente bien, y, finalmente, podremos apreciarlo. Esa es la razón por la que debemos ser agradecidos en cada circunstancia, especialmente, si no sabemos lo que está sucediendo. Porque Dios ama recibir nuestra gratitud y alabanza.

Capítulo 10

La Cena del Señor

«De la misma manera, después de cenar, tomó la copa y dijo: "Esta copa es el nuevo pacto en mi sangre; hagan esto, cada vez que beban de ella, en memoria de mí"».

(1 Corintios 11:25)

Antes de su muerte en la cruz, Jesús dio una liturgia a sus discípulos. Esto debía ser guardado por su Iglesia hasta la Segunda Venida. La palabra «liturgia» viene del término griego leitourgia. Se traduce como «servicio» (Lucas 1:23; Filipenses 2:17), «ayuda» (Filipenses 2:30 LS) y «culto» (Hebreos 9:21). La palabra «liturgia», usualmente, significa una cierta forma de adoración; «ceremonia», una orden de servicio o ritual. Algunas iglesias son conocidas como litúrgicas porque tienen un patrón de adoración predecible; otras, han reaccionado en contra y alegan que la espontaneidad es la única manera aceptable de adorar a Dios. La verdad es que, nos guste o no, todas las iglesias tienen alguna forma de liturgia. Aquellos que se jactan de ser anti-litúrgicos pueden ser tan predecibles en sus patrones de adoración como cualquiera de las supuestas iglesias llamadas «litúrgicas».

Nunca olvidaré adorar en las islas Bimini, en las Bahamas, donde el pastor «Pescado Sam» (el legendario guía de pesca) siempre comenzaba con la exhortación: «Digan ¡Gloria a Dios!». La gente respondía: «¡Gloria a Dios!». Él contestaba: «Gracias, Jesús». Y cosas por el estilo. Puedo decirle que comienzan cada culto del mismo modo. Y no hay nada malo en eso. Ellos pueden negarlo, pero ésa es su liturgia.

Cuando Jesús introdujo el concepto de lo que llamamos Santa Cena, estaba instituyendo una liturgia. La razón principal: «Hagan esto en memoria de mí». El propósito era recordar expresar gratitud por la muerte de Jesús. Algunas veces recordar es espontáneo, pero la Cena del Señor sirve para asegurar que reforcemos el sentido de gratitud, por una cierta forma de adoración. La gratitud debe ser enseñada, y Jesús nos dio la Sagrada Comunión para que nunca nos olvidemos por qué fue enviado por el Padre al mundo.

Pero es una liturgia de la que podemos abusar ¿De qué manera? Afirmando que el rito, aun si es cumplido al pie de la letra, no necesariamente hace de la Sagrada Comunión, verdaderamente, la Cena del Señor. Cuando Pablo regañó a los corintios, directamente, les dijo que sus maneras de realizar esta ceremonia «traen más perjuicio que beneficio» (1 Corintios 11:17) y que «de hecho, cuando se reúnen, ya no es para comer la Cena del Señor» (1 Corintios 11:20). Mientras que la adoración del Domingo de Ramos fue aceptada, a pesar de su falta de entendimiento, Pablo muestra que la Santa Comunión, que fue creada para demostrar gratitud y honra a Jesús, no expresaría gratitud a Dios ni honraría a Jesús, en absoluto, si no era llevada a cabo en un espíritu y forma, en particular. La manera de los corintios de celebrarla llevó a algunos a terminar debilitados y enfermos físicamente, y, a otros, a la muerte prematura como señal del juicio divino (1 Corintios 11:29-31).

El propósito de este capítulo es demostrar que la Santa Cena provee una maravillosa oportunidad para agradecerle a Dios por su misericordia y por su gracia. Es, también, una ocasión que podría contristar al Espíritu Santo, si no se realiza de la manera correcta. La liturgia está diseñada para ayudarnos a agradecerle a Dios, pero podemos cumplirla al pie de la letra, sin ser agradecidos en lo más mínimo. En esos casos es donde trae más perjuicios que beneficios. Eso fue lo que sucedió en la Iglesia primitiva de Corinto. No tenemos el cuadro completo, pero se revela suficiente en 1 Corintios 11:17-34, como para darnos una idea bastante acertada del concepto de lo que era correcto y de lo que no, en cuanto a la celebración de la Cena del Señor. Si lo hacemos con el espíritu correcto, tenemos una manera espléndida de mostrar nuestra gratitud a Dios. Espero que lo siguiente haga una diferencia en su vida, cuando vaya a la Mesa del Señor, en lo sucesivo.

Debemos reconstruir lo que estaba mal cuando los corintios se reunían a celebrar la Santa Cena. Nos ayudará a evitar cometer el mismo error y recibir el juicio de Dios sobre nuestras vidas. Porque una de las peores cosas que le podría suceder a un cristiano es que Dios lo juzgue por observar la Santa Cena incorrectamente. Un versículo clave es: «Si nos examináramos a nosotros mismos, no se nos juzgaría» (1 Corintios 11:31). De este modo, podemos prevenir su juicio.

Esto es lo que sucedió: ciertas personas en la Iglesia primitiva de Corinto, que enseñaban que eran superiores a los demás, estaban en control. Esta clase de cosas todavía suceden. Quizás, quiera llamarlos esnob o presuntuosos. Los esnobs son quienes han exagerado el respeto por la posición social o la riqueza y que evitan que los demás los consideren inferiores. Una cosa es que el esnobismo exista en la sociedad secular, pero es impensable que esto prevalezca dentro de la Iglesia de Dios. Sin embargo, de hecho, dominaban en Corinto; y esa es la razón por la que Pablo le dedicó tanta atención a la Santa Cena. La razón por la cual su manera de observar la Santa Cena causó más perjuicios que beneficios, era porque el espíritu opresivo tomó el control, y los más pobres, en esta iglesia, lo sentían intensamente.

¡Sería horrible que el estar con otros cristianos me hiciera sentir peor! Porque ir a la iglesia debe hacer sentir a la persona más edificada. Los únicos que se sentían felices, en esas reuniones, eran los pocos privilegiados que pensaban que estaban definitivamente por encima de los que tenían menores ingresos y que también querían participar de la Santa Cena.

Lo que se conocía como la comida *agape* (amor) o el banquete de *koinonia* (fraternidad), parece haber sido el trasfondo de los comentarios de Pablo en 1 Corintios 11:17. Esos banquetes de amor fraternal (cf. Judas 12) eran aparentemente casi universales en al Iglesia primitiva. La gente no solamente comía junta, sino que finalizaban con la Cena del Señor. Traían sus alimentos a la casa de alguien, probablemente una casa grande, y los cristianos tenían comunión. Tal vez, eran dos clases de comidas: una física (comida común) y otra espiritual (la Santa Cena). Es posible que aquellos que estuvieran mejor económicamente trajeran más comida. Y buen vino. Pero muchos de ellos eran pobres y traían poco y nada. Algunos eran esclavos y llegaban más tarde que otros (a menudo, sin nada de comida). El problema era que la mejor comida y los mejores vinos ya se habían acabado para el momento en que los pobres llegaban. Eso atrajo la ira del Señor.

> «De hecho, cuando se reúnen, ya no es para comer la Cena del Señor, porque cada uno se adelanta a comer su propia cena, de manera que unos se quedan con hambre mientras otros se emborrachan. ¿Acaso no tienen casas donde comer y beber? ¿O es que menosprecian a la iglesia de Dios y quieren avergonzar a los que no tienen nada? ¿Qué les diré? ¿Voy a elogiarlos por esto? ¡Claro que no!».
> (1 Corintios 11:20-22)

El cristianismo estaba en peligro de volverse algo bastante diferente de lo que el Señor deseaba que fuera, porque, cuando Jesús estuvo en la tierra, era la gente común la que lo escuchaba alegremente (Marcos 12:37). Y Jesús, al dar un indicio a Juan el Bautista de que, ciertamente, era el Mesías prometido, destacó que «a los pobres se les anuncian las buenas nuevas» (Mateo 11:5). Por eso, Pablo les recordó a los mismos corintios: «Porque cada vez que comen este pan y beben de esta copa, proclaman la muerte del Señor hasta que él venga» (1 Corintios 11:26). Pero, lamentablemente, eran los de Corinto los que no esperaban a que los pobres llegaran. La mejor comida se había acabado, y ellos tenían la audacia de llamarlo «la Cena del Señor». Por esta causa, Pablo dijo: «De hecho, cuando se reúnen, ya no es para comer la Cena del Señor, porque cada uno se adelanta a comer su propia cena». Los pudientes también deben de haber comido en lugares separados, ni qué decir de esperar a que todos llegaran. Ni siquiera era una genuina comida fraternal; mucho menos, la Cena del Señor. Lo que es peor, ¡pensaban que saldrían impunes de eso! Error. Dios trajo un juicio. No habían reconocido la presencia del Señor en lo absoluto. «Porque el que come y bebe sin discernir el cuerpo, come y bebe su propia condena. Por eso hay entre ustedes muchos débiles y enfermos, e incluso varios han muerto» (1 Corintios 11:29-30).

No quedaron impunes porque Dios intervino. Es un asunto serio discriminar en la casa del Señor, ya sea por el estatus socio-económico, cultural, educación o el color de la piel de las personas. Aquellos que pisotean a los oprimidos creen que Dios no lo ve. De ninguna manera. El pecado en Corinto era doble: mostraron desprecio por el Hijo de Dios y humillaron a sus consiervos cristianos. Por lo tanto, en el fondo había un pecado subyacente: no reconocían el Cuerpo de Cristo cuando tomaban el pan y el vino.

Esta, entonces, es la razón por la que Pablo dio una liturgia particular, a la que hoy llamamos Santa Cena. Puede llamarla un esbozo o anteproyecto:

> «Yo recibí del Señor lo mismo que les transmití a ustedes: Que el Señor Jesús, la noche en que fue traicionado, tomó pan, y después de dar gracias, lo partió y dijo: "Este pan es mi cuerpo, que por ustedes entrego; hagan esto en memoria de mí". De la misma manera, después de cenar, tomó la copa y dijo: "Esta copa es el nuevo pacto en mi sangre; hagan esto, cada vez que beban de ella, en memoria de mí". Porque cada vez que comen este pan y beben de esta copa, proclaman la muerte del Señor hasta que él venga».
>
> (1 Corintios 11:23-26)

La liturgia de la Cena del Señor era de parte del Señor Jesús mismo. En otras palabras, Pablo la recibió del Señor. Sea que le haya venido por revelación directa mientras estaba en Arabia o por tener acceso a una tradición oral, Pablo dice que él no la inventó. Puede haberla obtenido de Lucas, quien a menudo viajaba junto a él, porque el lenguaje de Pablo es el que más se asemeja al relato de Lucas (vea Lucas 22:14-23).

Podríamos decir que es cuestión de obediencia litúrgica: «Yo recibí del Señor lo mismo que les transmití a ustedes». Porque debemos seguir un programa litúrgico al expresar gratitud a Dios al tomar la Santa Cena. No tenemos derecho a cambiar la manera en que el Señor la hizo. Eso no significa que la haremos exactamente del mismo modo que cuando se tomó en la Última Cena (que era una cena de Pascua que se celebraba una vez al año). Ellos usaron panes sin levadura, vino y cordero asado. Ciertamente nosotros no esperamos hasta la Pascua para realizar la Santa Cena. Por otra parte, Jesús nunca dijo con qué frecuencia hacerla, sino simplemente que la hiciéramos en memoria de él. La idea general que Pablo da en 1 Corintios 11:23-32 es lo que debemos afirmar.

Jesús tomó el pan y «dio gracias» (del griego eucharistesas, de donde obtenemos nuestra palabra «eucaristía»). La fórmula común judía, empleada para la acción de gracias, era: «Bendito eres tú, oh Señor nuestro Dios, Rey del Universo, quien nos ha dado el pan de la tierra». Jesús, sin embargo, podría haber usado una fórmula distintiva propia. Por esta acción, la Santa Cena se hizo conocida como «el partimiento del pan». Pero luego Jesús añadió: «Este es mi cuerpo». En el siglo VII, algunos cristianos comenzaron a tomar esto literalmente: adoptaron la postura de que el pan en la Santa Cena es la carne misma de Cristo y que el vino es su sangre. No es mi propósito, en este capítulo, adentrarme demasiado en esta vieja controversia, excepto decir que los cristianos que creen que el pan *simboliza* el cuerpo de Cristo del mismo modo que el vino *simboliza* su sangre, lo hacen porque algunos versículos demuestran que obviamente es un simbolismo.

La Cena del Señor

Por ejemplo, cuando Pablo dijo que la «roca era Cristo» (1 Corintios 10:4), no puede haber querido decir que Jesús era literalmente una roca, sino una «roca espiritual». Por lo tanto, Pablo hablaba simbólicamente. También dijo que Agar era el Monte Sinaí (la traducción literal griega), pero la NVI escogió —correctamente— traducirlo como «Agar representa el monte Sinaí» (Gálatas 4:25). Esto, entonces, es el motivo por el cual algunos de nosotros tomamos el pan y el vino para simbolizar el cuerpo y la sangre de Cristo. En todo caso, es un tiempo para agradecer. Para ser verdaderamente agradecidos. Porque el pan y el vino son «por ustedes»: «Y después de dar gracias, lo partió y dijo: "Este pan es mi cuerpo, que por ustedes entrego; hagan esto en memoria de mí"» (1 Corintios 11:24). Jesús tomó nuestro lugar —nuestra culpa— en la cruz. Él no murió por sí mismo; murió por nosotros. Por ello, cuando Jesús introdujo una liturgia que ahora se llama Sagrada Comunión, él hablaba proféticamente de expiación. Eso significaba que la sangre que derramaría en la cruz satisfaría la ira y justicia de Dios total y eternamente.

Mostramos nuestra gratitud cuando *recordamos recordarlo* a él. Puede haber una participación mecánica en la Santa Cena, pero no *nos* hace bien ni tampoco le hace bien a *él*. Pero cuando verdaderamente lo recordamos («hagan esto en memoria de mí»), lo estamos adorando. Expresamos verdadera gratitud. De ese modo, la liturgia no es mecánica ni rutinaria, sino verdadera y viva. Uno siente al Señor. Discierne su cuerpo.

Pero, lamentablemente, los corintios solo estaban pensando en ellos mismos, y, no, en aquellos a quienes estaban hiriendo. E, incluso, el Señor mismo estaba fuera de la escena. Porque cuando recordamos a Cristo, discernimos dos cosas: su presencia en la Cena y su pueblo en la Cena. Por tanto, la frase «el cuerpo del Señor» fue cuidadosamente expresada; era una ambigüedad intencional que se refería tanto a Jesús como a su Iglesia, al mismo tiempo. En otras palabras, el cuerpo de Cristo significa la persona de Jesús, pero, también, la Iglesia, su cuerpo. Esa es la causa por la que Pablo podía hablar de la Iglesia como el cuerpo de Cristo (Efesios 5:23; Colosenses 1:18). Los corintios, sin embargo, no reconocían ninguna de ellas. La gratitud, en cualquier caso, estaba completamente ausente. Su insensatez era que no tenían conciencia de ello. Los cristianos más pobres pueden haber pensado que Dios no se daba cuenta. Pero sí lo notaba. El propósito de la santa cena no era renovar las fuerzas físicas, sino espirituales. No puede decirse que el pan y el vino provean nutrición física. Y, aun así, es más que un mero recordatorio. El error de Ulrico Zwinglio (1484-1531) en su debate con Martín Lutero (1483-1546) fue que Zwinglio reaccionó violentamente a las enseñanzas de la transubstanciación —la creencia de que el pan y el vino se convierten literalmente en cuerpo cuando los sacerdotes pronuncian las palabras «este es mi cuerpo». Zwinglio sostenía que la Santa Cena no era sino un «recordatorio» de la muerte del Señor, que no debíamos ver nada más detrás de este rito. «¡Error!», sentenció Juan Calvino (1509-1564). La gracia es verdaderamente impartida en la Santa Cena. Si se hace en fe, deleitamos a Cristo, decía Calvino, porque el Señor está *espiritualmente* presente en el pan y el vino. Por lo tanto, cuando discernimos el cuerpo de Cristo —reconociendo su presencia espiritual, y, además, su pueblo— la gratitud a Dios emerge verdaderamente. Pablo la llamaba «la copa de bendición por la cual damos acciones de gracias» (1 Corintios 10:16). Esta gracia no es automáticamente impartida en la Cena del Señor, sino, solamente, al grado en que uno la toma en fe. Calvino también sentía que la Santa Cena debía ser precedida por la predicación, de modo que la fe cristiana fuera edificada. Debía ser acompañada por el mayor nivel de expectativa que fuera posible; cuando esta está ausente, no hemos de sentir la presencia del Señor. Y, si estamos resentidos con alguien que participa de la Santa Cena, al mismo tiempo, no estamos afirmando a los miembros del cuerpo de Cristo, por lo cual no estamos adorando verdaderamente.

No muchos, en Gran Bretaña o en Estados Unidos, saben bastante acerca del Avivamiento de Cane Ridge (1800-1802).

Los historiadores americanos lo llaman «El segundo gran avivamiento de América»; el primero fue a mediados del siglo XVIII y es generalmente asociado a la predicación de Jonathan Edwards (1703-1758). El Avivamiento de Cane Ridge, el cual surgió de mi propio estado de Kentucky, fue paralelo a la emergencia de «las campañas» en Estados Unidos. Se convertían de a diez miles. Es casi seguramente la razón por la que hay un «cinturón bíblico» en América. Me refiero a este avivamiento de Cane Ridge, porque él nació en una Santa Cena. Bajo el liderazgo de un predicador escocés, James McGrady (aprox. 1758-1817), pastor de una pequeña iglesia en Kentucky, el Espíritu Santo cayó sobre la congregación durante la celebración de una Santa Cena. Se esparció por los estados de Kentucky, Tennessee, Ohio y Carolina del Norte y del Sur.

Este relato histórico podría servirnos para recordarnos lo que Dios está dispuesto a hacer, en medio de nosotros, si hay suficiente gratitud y expectativa cuando venimos a tomar una Santa Cena. Pero la liturgia que Jesús nos dejó como herencia no atraerá al Espíritu por sí misma. Somos responsables de tener una buena actitud cuando adoramos en la Mesa del Señor. El ingrediente clave es una gratitud genuina. Acciones de gracias.

La Santa Cena fue, por tanto, introducida a nosotros por Jesús, en parte, para forzarnos a recordarlo a él. Recordarlo, no obstante, consiste en mucho más que en tener un momento de actividad cerebral. Es algo más que un servicio memorial. Debe ser una experiencia de adoración. La copa de la comunión es ofrecida para que nunca olvidemos cuán preciosa es la sangre de Cristo. El pan nos recuerda su cuerpo, y que a la segunda persona de la Trinidad se le asignó un cuerpo. «Me preparaste un cuerpo» (Hebreos 10:5). La copa nos recuerda que la sangre literal fluyó de ese cuerpo. Es preciosa por lo que hizo por el Padre (satisfizo la justicia divina) y por lo que hace por nosotros (nos limpia de pecado, 1 Juan 1:7).

«De todos los dones que su mano confiere
De todo lo bueno que otorga el Dador
Ni el cielo mismo conoce uno más precioso
Que la sangre de mi Redentor».

(William Cowper, 1731-1800)

El enfoque de la Santa Cena es la muerte del Señor: «Porque cada vez que comen este pan y beben de esta copa, proclaman la muerte del Señor hasta que él venga» (1 Corintios 11:26). Eso significa que debemos tener un apetito espiritual cuando participamos de la Comunión. Algunos dicen: «Somos lo que comemos». Y si espiritualmente nos saciamos en Cristo, verdaderamente puede llegar a cumplirse que somos lo que comemos. Queremos más de Jesús en nosotros, y si nos acercamos a la Cena del Señor con esta clase de apetito, es probable que comamos y nos llenemos hasta saciarnos. La gratitud es lo que crea el apetito que nos hace desear venir a la Mesa del Señor. ¡Mi abuela solía decir que si yo tenía buen apetito era porque todo andaba bien! Por lo tanto, si venimos a la Cena del Señor con un apetito de ser más como Jesús, es una buena señal y le agrada a él.

No estamos hablando de una cena ordinaria. Tan extraordinaria es ella que Pablo agrega una de las advertencias más temibles que se encuentran en todas las Sagradas Escrituras. Si usted fuera a la casa de un amigo y justo antes de sentarse a la mesa le advirtieran que fuera cuidadoso con la manera en que come o de lo contrario sería juzgado, usted sería discreto. Esto es lo que Pablo dice: «Porque el que come y bebe sin discernir el cuerpo, come y bebe su propia condena» (1 Corintios 11:29). Pablo lo llama comer y beber «de manera indigna» (1 Corintios 11:27). La traducción de la Versión Reina Valera, participar «indignamente», le ha hecho daño a algunos cristianos demasiado concienzudos. Directamente ha apartado a algunos de participar en absoluto. Eso es lo último que Pablo o que Jesús mismo hubiera querido.

Participar indignamente es no reconocer al Señor. Es no reconocer la presencia de su propio cuerpo, la Iglesia. En Corinto, cuando tomaban una comida en común, así como vimos, algunos de los ricos se adelantaban a los pobres. Mostraban cierto desdén por los que venían y quedaban con hambre. No había posibilidad de que discernieran a Cristo, ya que degradaban a su cuerpo, la Iglesia. Esto contristaba al Espíritu Santo, lo que, a su vez, significaba que su mecanismo de comprensión estaba apagado. El resultado era que participaban indignamente.

Algunas personas suponen que una manera digna de compartir se refiere, exclusivamente, a la justicia personal de uno. Lo hace, en un sentido; pero con frecuencia, esto conduce a una actitud de fariseísmo, o de creerse justo en su propia opinión. La ironía era que los esnobs en la iglesia de Corinto eran muy religiosos; creían que eran justos de verdad. Por eso Pablo dijo: «Así que cada uno debe examinarse a sí mismo antes de comer el pan y beber de la copa» (1 Corintios 11:28). Lo irónico está en que el verdadero comienzo de la dignidad es el sentimiento de *indignidad*. Porque ninguno de nosotros merece el derramamiento de la sangre de Cristo, o su presencia.

Participar de la Santa Cena en una manera indigna era, en parte, por mostrar desprecio por los pobres, en la Cena del Señor, por olvidar el propósito de todo aquello y por tener en poco la presencia de Cristo. Porque el Señor Jesucristo es la Visita de Honor. No es nuestra cena, es la suya. Si su Majestad la Reina estuviera presente en nuestra iglesia, puedo garantizarles que escucharían el sermón y oirían los cantos como por sus oídos, verían el ambiente como por sus ojos y serían más conscientes de su presencia que de ninguna otra cosa, incluyendo el ministro o vicario. ¡No podría evitar concentrarse en ella!

Y, aun así, el Señor Jesús está presente cuando venimos a la Santa Cena. «Les digo que no volveré a beber del fruto de la vid hasta que venga el reino de Dios» (Lucas 22:18). El reino de Dios *ha* venido. Eso significa que está aquí con nosotros.

Debemos darle a él la adoración y el reconocimiento que merece. Es un sentido de gratitud que transformará la liturgia de la Santa Cena en un espíritu de digna adoración. Y esta gratitud emergerá en proporción a lo agradecidos que seamos por haber sido salvados, escogidos y porque hemos recibido el beneficio de su sangre.

> «¿Y puede ser que yo sienta interés
> en la sangre del Salvador?».
> (Charles Wesley, 1707-1788)

Aquellos que no mostraron ningún sentido de gratitud se convirtieron en el objeto del desagrado de Dios. Los cristianos pobres de Corinto sentían que no importaban a nadie, que nadie se daba cuenta. Pero Dios, sí. Los ingratos, aparentemente, no cayeron en la cuenta de que algunos de ellos se enfermaron crónicamente —unos estaban débiles y enfermizos y otros murieron. Su ingratitud, esnobismo e insensibilidad al cuerpo de Cristo resultó ser la causa del juicio de Dios sobre la iglesia de Corinto: «Porque el que come y bebe sin discernir el cuerpo, come y bebe su propia condena. Por eso hay entre ustedes muchos débiles y enfermos, e incluso varios han muerto» (1 Corintios 11:29-30).

No quiero decirle que si usted está enfermo es porque ha participado indignamente de la Santa Cena. La verdad es que todos hemos sido culpables en algún u otro momento. Dios podría haberme juzgado, hace un tiempo atrás. ¿Entonces, por qué lo hizo a ciertas personas, en la antigua Corinto? No estoy seguro, pero sospecho que, en parte, era porque: primero, estaban en una situación de avivamiento (Dios estaba presente en un poder fuera de lo común en aquellos días) y, segundo, Dios eligió ponerlos como ejemplo para las futuras generaciones, si es que ellos olvidaban que la Santa Cena no era una cena común.

El antídoto contra tomar la Cena del Señor indignamente es una gratitud absoluta. Solo gratitud. Una persona muy agradecida es poco propensa a traer juicio sobre sí, en esta Cena bendita.

¿Qué clase de juicio era este, en todo caso? La repuesta es: un juicio de gracia. No era un juicio retributivo el que tuvo lugar en Corinto. Cuando Dios intervino, eso fue una señal de su maravillosa misericordia, para que no fueran «condenados con el mundo» (1 Corintios 11:32).

Ser juzgados por el Señor por sus abusos en la Santa Cena significa, en este caso, que los que participaban eran verdaderamente cristianos. Pablo nunca cuestiona si esta gente insensible que ignoraba a ciertas personas en la Cena del Señor era cristiana o no. Da por sentado que era salva. Dios los disciplinó porque eran suyos. Aquellos que «duermen» (1 Corintios 11:30 RV) eran salvos. Tal como lo expresa F. F. Bruce, Pablo reserva el uso de este término solo para los cristianos. En síntesis: fueron llevados a la gloria.

La forma de evitar que esto nos acontezca, dice Pablo, es juzgándonos a nosotros mismos. «Si nos examináramos a nosotros mismos, no se nos juzgaría» (1 Corintios 11:31). Si tratamos con ciertas cosas, en nuestras vidas, que le desagraden al Señor, podemos prevenir tales juicios. Eso no significa que tengamos que ser perfectos. Nadie lo es. «Ya que no hay ser humano que no peque» (1 Reyes 8:46). «Nada hay tan engañoso como el corazón. No tiene remedio. ¿Quién puede comprenderlo?» (Jeremías 17:9). Como Calvino decía: «En todo santo hay algo reprensible».

No obstante, podemos impedir que nuestro mecanismo de discernimiento se apague. La manera de hacerlo es manteniendo un sentido permanente de gratitud. Eso nos impedirá abusar de la Cena del Señor.

¿Qué significa, entonces, juzgarnos a nosotros mismos? Significa que cuando usted y yo venimos a la Mesa del Señor, deberíamos asegurarnos de cuatro cosas:

1. Que no hemos humillado a los pobres.
2. Que sostenemos a los otros creyentes, aquellos que participan de la Santa Cena con nosotros.

3. Que le hemos dicho al Señor que nos lamentamos por todos y cada uno de nuestros pecados.
4. Que afirmamos la presencia del Señor en la Cena. Él prometió estar allí. ¡Debemos creerlo! Nos enfocamos en Su Majestad, el Rey Jesús.

Para decirlo de otro modo: no es cuestión de si viene un juicio, sino de quién lo lleva a cabo. Si lo hago yo o lo hace Dios. Si yo lo hago —esto es, si me juzgo a mí mismo— lo alivio a Dios de esa carga. Y eso es lo que él quiere. Él no quiere intervenir de esa manera. Pero, si yo no me juzgo a mí mismo, es como si Dios dijera: «Desearía que lo hubieras hecho tú».

Toda liturgia que no es realizada en una forma superficial o insensible, sino con una profunda gratitud tiene la atención y el favor de Dios. Él ama al corazón agradecido. El amor cubre multitud de pecados (1 Pedro 4:8). La gratitud nos ahorra muchas penas innecesarias. Sea agradecido y continúe siéndolo. Acérquese a la Mesa del Señor, la próxima vez, con un corazón expectante y una gratitud inquebrantable. Será bendecido, más allá de lo que pueda imaginar.

Capítulo 11

Una nación agradecida

«Recuérdame, Señor, cuando te compadezcas de tu
pueblo; ven en mi ayuda el día de tu salvación.
Hazme disfrutar del bienestar de tus escogidos,
participar de la alegría de tu pueblo y expresar mis
alabanzas con tu heredad».

(Salmo 106:4-5)

«Cuando el Señor hizo volver a Sion a los cautivos,
nos parecía estar soñando.
Nuestra boca se llenó de risas; nuestra lengua, de
canciones jubilosas.
Hasta los otros pueblos decían: "El Señor ha hecho
grandes cosas por ellos".
Sí, el Señor ha hecho grandes cosas por nosotros,
y eso nos llena de alegría».

(Salmo 126:1-3)

«Esto no lo ha hecho con ninguna otra nación».

(Salmo 147:20)

Dios ama a una nación agradecida. De la misma forma que un individuo no puede agradecer más que el Señor —porque Dios derrama sus bendiciones sobre él, más que nunca—, tampoco una nación puede agradecer más que Dios. Los salmistas lo sabían. Por eso hicieron lo mejor que pudieron para establecer el trono, para que la nación de Israel mostrara continuamente su gratitud como pueblo.

Así como esas personas que alababan a Dios el Domingo de Ramos, posiblemente, lo hayan hecho de manera egoísta e, incluso, ignorante, y por razones incorrectas —pero Dios aceptó su alabanza—, él, también, acepta la de una nación que intenta expresarle gratitud. No necesariamente importa que cada persona que participa en esa acción de gracias sea un fiel siervo de Dios, en su vida privada; él toma en cuenta una nación que, en forma global, hace el intento de mostrar gratitud.

Si este mensaje llegara a los jefes de estado; incluso, si ellos en sí mismos, no son nacidos de nuevo, creo que la mayoría de ellos, de todos modos, querrían llevar a la nación a dar gracias —tan solamente por lo que eso produciría en bien del país. Dios habita en la alabanza de su pueblo. Si una nación mostrara gratitud al verdadero Dios, el que mandó a su Hijo al mundo, esa nación andaría mucho mejor.

El problema es poder persuadir a los que están en autoridad para que vean la necesidad y lleven al pueblo. Es algo aparentemente imposible de hacer con algunos presidentes. No especularé en cuanto a la razón por la que no se hace frecuentemente; solo sé que los intentos (incluyendo el mío) de alcanzarlos con la necesidad de hacer un llamado a un día de oración, como nación, no han tenido éxito. ¡Es tan lamentable! Justo debajo de nuestras narices está la forma en que nuestros estados pueden recibir la bendición de Dios, pero muchos líderes no la ven.

Robert Murray McCheyne (1813-1843), el santo pastor escocés, solía hablar de las dos esferas de acción de Dios: la de la Iglesia y la de las naciones. La primera se refiere a la salvación de la gente, llamémosle los que son recibidos en la Iglesia por haber nacido de nuevo. Ellos constituyen la Iglesia visible de Jesucristo. Sin embargo, el ámbito de las naciones también es parte del gobierno de Dios, y Jesucristo es el rey soberano sobre ellas. A la última esfera, como vimos en el capítulo 7, la hemos llegado a denominar: el dominio de la gracia común de Dios —su bondad mostrada comúnmente a todas las personas, sean o no, parte de su Iglesia. Ya hemos visto que debemos estar continuamente agradecidos a Dios (y que debemos acordarnos de decírselo), por las leyes, en nuestro país, que prohíben el robo, el asesinato y otros crímenes; por los médicos, la policía, los bomberos. La gracia común de Dios preserva una medida de orden en el mundo. Sin embargo, cosas caóticas pueden aparecer de tanto en tanto, ya sea, a través de desastres naturales o del terrorismo. La verdad es que, si Dios retirara por completo su mano del mundo, todo el infierno se soltaría y la civilización tal como la conocemos terminaría del día a la noche.

Es por el propio interés de cada nación mostrar reverencia al Dios de la Biblia. Esto debe hacerse colectivamente; ya sea reuniéndose a adorar y alabar a Dios, u orando como nación, incluyendo los jefes de estado que convoquen al pueblo a orar y ayunar, y a mostrar respeto hacia el Dios viviente. Por supuesto, él honra hasta los grupos más pequeños que oran por su nación, incluso, si es una sola persona la que lo hace.

Me pregunto cuántos lectores británicos pueden recordar la última vez que Gran Bretaña buscó la bendición de Dios sobre su nación. ¿Durante los estallidos de terrorismo recientes? No. ¿Durante la Guerra del Golfo de 1990-1991? No. ¿Durante el conflicto de las islas Malvinas, en 1982? No. La última vez que Gran Bretaña ha sido llamada a la oración fue en la Segunda Guerra Mundial. La primera ocasión fue el 26 de mayo de 1940. El ex primer ministro Neville Chamberlain escribió en su diario: «26 de mayo, el día más negro de todos... ¿esto fue el Día Nacional de Oración?» Pero resultó ser uno de los momentos más decisivos de la guerra.

Mientras me estaba preparando para escribir este capítulo, estaba sentado en un restaurante, en Londres, mirando el Río Támesis. Mi amigo Charlie Colchester, que tiene un gran conocimiento de historia, me preguntó: «¿Conoces el significado de ese barco que está, justo, delante de nuestra ventana?» Yo no lo conocía. Él señaló que ese pequeño buque fue uno de varios que ayudaron a transportar 334.000 hombres, a salvo, de Francia a las Islas Británicas, entre el 29 de mayo y el 1 de junio de 1940, solo días después del Día Nacional de Oración el 26 de mayo.[5]

El trasfondo del Día Nacional de Oración, el 26 de mayo de 1940, fue el siguiente: En 1933 Adolf Hitler adquirió poder en Alemania. En septiembre de 1939, invadió Polonia. Luego de eso, avanzó sin oposición sobre Noruega, Dinamarca, Holanda, Luxemburgo y Bélgica. Casi 500.000 soldados británicos y franceses quedaron atrapados en una pequeña zona costera llamada Dunkirk. Enfrentaban lo que sería una aniquilación segura. Las divisiones armadas de Hitler estaban a tan solo 15 millas de distancia [casi 25 km.]; su fuerza aérea estaba bombardeando las tropas. Hitler nunca estuvo más cerca de su victoria final como durante los días del 14 al 28 de mayo de 1940.

El General Sir Edmund Ironside, jefe del Estado Mayor Imperial, le dijo en confianza a un colega: «Este es el final del Imperio Británico». El rey Leopoldo III de Bélgica dijo: «La causa de los Aliados está perdida». Mucha gente en Inglaterra había conciliado la idea de que Hitler entraría y vencería. Pero Winston Churchill declaró: «Preferiríamos ir a pelear que ser esclavizados por Alemania». Fue en ese momento desesperado que las iglesias en Gran Bretaña convocaron a un Día Nacional de Oración. El arzobispo de Canterbury, varios líderes políticos y el rey George VI emitieron un llamado a un Día Nacional de Oración, para realizarse el 26 de mayo de 1940.

Solo veinticuatro horas después del llamado a la oración, Adolf Hitler, inexplicablemente, ordenó que sus tropas hicieran un alto, para sorpresa y consternación, aun de sus propios generales. El 26 de mayo la nación se había reunido para orar. La asistencia a las iglesias se fue a las nubes; incluso, hubo una

---

[5] Estoy agradecido a Charlie por mucho de lo que sigue a continuación, así como también, al boletín informativo del Dr. James Dobson de mayo de 2000. El Dr. Dobson reconoce que citó del libro de John Lukacs, Five Days in London [Cinco días en Londres] (Yale Univerity Press, 1999). También, agradezco a Jim McHutchon, por proveerme material del Prebendario Victor Pearce, quien ha escrito exhaustivamente sobre los días de oración en Gran Bretaña durante la Segunda Guerra Mundial.

gigantesca reunión en la Abadía de Westminster, durante la cual la gente suplicaba a Dios que guardara a sus esposos, hijos y padres, en Dunkirk. Nadie, hasta este día, sabe el porqué; pero, increíblemente, los ejércitos de Hitler se quedaron en ese sitio hasta comienzos de junio. ¡Hitler tenía la victoria en la palma de su mano y les impidió a sus tropas finalizar el trabajo!

Por aproximadamente los seis días que siguieron al Día Nacional de Oración, las normalmente agitadas aguas del Canal Inglés eran casi una llana calma. Grandes cantidades de soldados aliados subieron a bordo de pequeños botes y yates para recoger a los hombres atrapados. El 29 de mayo rescataron 47.000; el 30 de mayo, 53.000; el 31 de mayo, 68.000; el 1 de junio, 64.000. En total 334.000 hombres fueron llevados sanos y salvos a Gran Bretaña. El General Ironside escribió: «Todavía no puedo entender cómo es que [los alemanes] nos dejaron ir de esa manera. Es casi fantástico que hayamos sido capaces de hacerlo, ante todo ese bombardeo y esa artillería». Alexander Cadogen, Subsecretario Permanente de la Oficina de Asuntos Exteriores, llamó a la evacuación «un milagro».

Mucha gente, hoy, ni siquiera sabe que hubo un Día Nacional de Oración el 26 de mayo de 1940. Y hubo dos más, ese mismo año, cada uno de los cuales se caracterizó por las asombrosas «coincidencias». El 11 de agosto de 1940 hubo un Día de Oración de los Jóvenes: todos los jóvenes fueron llamados a la oración. Dentro de la semana siguiente, todo cambió. Era la primera etapa en la Batalla de Gran Bretaña. El Mariscal en Jefe del Aire, Sir Hugh Dowding, afirmó, luego de todo: «Puedo decir con absoluta convicción que puedo ver el rastro de la intervención de Dios, no solo en la batalla en sí, sino en los eventos que condujeron a ella; y que si no hubiera sido por esta intervención, la batalla habría llegado a una condición en la que, humanamente hablando, la victoria hubiera sido considerada imposible».

El 8 de septiembre de 1940 hubo otro Día Nacional de Oración. Durante la semana que siguió, nuevamente, hubo una victoria decisiva en los aires. Además de eso, una terrible tormenta se levantó y las barcazas de invasión nazis fueron derribadas en Bremen. El próximo Día Nacional de Oración se hizo en la primavera siguiente, el 23 de marzo de 1941. Nadie, en Gran Bretaña, sabía que ésa era la próxima fecha para que los nazis la invadieran. Durante los cinco días venideros, un gran terremoto en el Océano Atlántico creó olas y vendavales que desviaron a las embarcaciones nazis 8 millas fuera de su curso. La misma semana, Yugoslavia se negó a rendirse a Hitler y Etiopía fue liberada de Mussolini. Esto cambió completamente los planes de Hitler. Desistió de invadir Gran Bretaña y desvió su atención hacia el este. ¿Coincidencia?

El último Día Nacional de Oración, en Gran Bretaña, fue en la primavera de 1944, antes del Día-D, el 4 de junio. Lamentablemente, la nación falló en apoyar debidamente este día de oración. También es verdad que el Día-D fue inesperadamente difícil. Pero el Mariscal en Jefe del Aire, Sir Hugh Dowding fue citado en la prensa, diciendo algo como: «Aun durante la batalla nos dábamos cuenta de cuánto apoyo externo teníamos. Al final de ella, teníamos el sentir de que había habido alguna intervención divina especial para alterar alguna secuencia de eventos que, de otro modo, no habrían ocurrido».

El propósito de este capítulo es aumentar su fe para creer que la Biblia dice bien, cuando está escrito:

«La justicia enaltece a una nación,
pero el pecado deshonra a todos los pueblos».
(Proverbios 14:34)

«Bajan al sepulcro los malvados,
todos los paganos que de Dios se olvidan.
¡Levántate, Señor!
No dejes que el hombre prevalezca;
¡haz que las naciones comparezcan ante ti!
Infúndeles terror, Señor;
¡que los pueblos sepan que son simples mortales!».
(Salmo 9:17, 20-21)

«Dichosa la nación cuyo Dios es el Señor,
el pueblo que escogió por su heredad».

(Salmo 33:12)

Dios ama la gratitud y aborrece la ingratitud; la gratitud se enseña. Si solo este mensaje fuera claramente comunicado a todos en el mundo, creo que el mundo tal como lo conocemos cambiaría. Todos necesitamos ser enseñados. La mayoría de los líderes son seguidores. Individualmente, todos precisamos ser lo suficientemente movilizados como para ser persuadidos a actuar en los lugares de influencia en que nos movemos —sean creyentes o no.

Cuando Jonás fue a Nínive (una nación pagana) con su mensaje, «Dentro de cuarenta días Nínive será destruida» (Jonás 3:4), el resultado final fue que el rey mismo proclamó un ayuno:

«Luego mandó que se pregonara en Nínive:
"Por decreto del rey y de su corte:
Ninguna persona o animal, ni ganado lanar o vacuno, probará alimento alguno, ni tampoco pastará ni beberá agua. Al contrario, el rey ordena que toda persona, junto con sus animales, haga duelo y clame a Dios con todas sus fuerzas. Ordena así mismo que cada uno se convierta de su mal camino y de sus hechos violentos. ¡Quién sabe! Tal vez Dios cambie de parecer, y aplaque el ardor de su ira, y no perezcamos"».

(Jonás 3:7-9)

¿Fue porque el rey invitó a Jonás a su palacio? No. ¿Fue porque el rey dejó su palacio para ir a escuchar a Jonás? No. Fue porque «los ninivitas le creyeron a Dios, proclamaron ayuno y, desde el mayor hasta el menor, se vistieron de luto en señal de arrepentimiento» (Jonás 3:5). Comenzó con el pueblo. Hoy usamos la expresión «las bases» —lo que la gente común piensa y hace. Fue el pueblo el que creyó en Dios (no dice que creyeron en Jonás). La consecuencia fue que las noticias llegaron al rey de Nínive y él se interesó (Jonás 3:6). El ayuno, a su vez, movió el corazón de Dios, quien envió a Jonás a Nínive, en principio. Y «al ver Dios lo que hicieron, es decir, que se habían convertido de su mal camino, cambió de parecer y no llevó a cabo la destrucción que les había anunciado» (Jonás 3:10).

Toda la situación, entonces, fue idea de Dios. Había visto una nación pagana con una mirada de gracia al enviar a Jonás a ellos. La única persona sin misericordia era Jonás mismo, quien sentía que estaba quedando mal, si su profecía no se cumplía.

Dios aborrece la ingratitud. La ira indisoluble de Dios fue mostrada en tiempos antiguos porque el pueblo que conocía a Dios no le glorificaba como tal, «ni le dieron gracias» (Romanos 1:21). Dios tiene en cuenta nuestra gratitud, felizmente; pero, también, nota nuestra ingratitud y nuestro olvido de agradecerle.

Las naciones de este mundo son para nuestro Padre Celestial como «una gota de agua en un balde»: «A los ojos de Dios, las naciones son como una gota de agua en un balde, como una brizna de polvo en una balanza» (Isaías 40:15). Eso significa que Dios está en control. De hecho, es Dios quien juzga; «a unos humilla y a otros exalta» (Salmo 75:7). Nos ha dado la Biblia para que podamos conocer sus caminos. Conocer sus caminos es temerle. Temerle es agradecerle.

La singular palabra «nación» aparece por primera vez en la Biblia cuando Dios le dice a Abram: «Haré de ti una nación grande, y te bendeciré; haré famoso tu nombre, y serás una bendición» (Génesis 12:2). La nación, en este caso, originalmente se refería a la simiente de Abram. Luego, recibió la promesa de que su simiente sería como las estrellas del cielo (Génesis 15:5), innumerable como la «arena del mar» (Génesis 22:17). Esa nación fue luego conocida como Israel. Pero Israel se interpreta en dos maneras: primero, Israel según la carne (la simiente de la descendencia de Abram) y, segundo, Israel según la fe (la semilla de Abram por regeneración). Esa era la idea de Pablo, en Romanos 9:6-8:

«Ahora bien, no digamos que la palabra de Dios ha fracasado. Lo que sucede es que no todos los que descienden de Israel son Israel. Tampoco por ser descendientes de Abraham son todos hijos suyos. Al contrario: «Tu descendencia se establecerá por medio de Isaac». En otras palabras, los hijos de Dios no son los descendientes naturales; más bien, se considera descendencia de Abraham a los hijos de la promesa».

Por lo cual, la promesa de que la simiente de Abraham sería numerosa como las estrellas o la arena se cumpliría a través de la nación y, más adelante, de la Iglesia. En ambos casos, Dios quería un pueblo agradecido.

La falla de la nación de Israel en ser agradecidos es la explicación subyacente en su error, al no poder reconocer al Mesías cuando vino. Nunca podríamos haber convencido a los eruditos antiguos, en Israel, de que el Mesías –un profeta, como Moisés (Deuteronomio 18.15)-, podía llegar a aparecer y no ser reconocido por ellos. El problema, tanto con los fariseos como con los saduceos, en los tiempos de Jesús, era que ellos estaban arrogantemente confiados en que cada uno de ellos sería el primero en saberlo, cuando el Ungido llegara. Sin embargo, cuando vino —lo tenían justo enfrente de sus narices— se lo perdieron por completo. Ellos creían que su juicio contra Jesús era debido a sus mentes brillantes, pero no era así. Era porque estaban cegados por el Dios a quien ellos no le habían dado gracias.

Lamentablemente, Israel tenía una larga historia de ser desagradecido. Y ese desagradecimiento, finalmente, terminó en su ceguera. Saulo de Tarso, una excepción notable, dijo:

«Dios les dio un espíritu insensible, ojos con los que no pueden ver y oídos con los que no pueden oír, hasta el día de hoy».

(Romanos 11:8)

Y David dijo: «Que sus banquetes se les conviertan en red y en trampa, en tropezadero y en castigo. Que se nublen los ojos para que no vean, y se encorven sus espaldas para siempre» (Romanos 11:9-10).

El juicio de ceguera sobre Israel puede remontarse a su falta de gratitud. El salmo 106 comienza con la exhortación: «¡Aleluya! ¡Alabado sea el Señor! Den gracias al Señor, porque él es bueno; su gran amor perdura para siempre» (Salmo 106:1). El salmista continúa describiendo cómo Israel cantó alabanzas a Dios cuando fueron milagrosamente liberados. «Pero muy pronto olvidaron sus acciones» (Salmo 106:13). El salmo 107 comienza del mismo modo y describe la misericordia de Dios: «En su angustia clamaron al Señor, y él los libró de su aflicción» (Salmo 107:6). Cuatro veces el salmista exclama: «¡Que den gracias al Señor por su gran amor, por sus maravillas en favor de los hombres!» (Salmo 107:8, además 15, 21, 31).

El no ser agradecidos y obedientes trajo como consecuencia que el Señor aborreció su heredad (Salmo 106:40). La antigua ofrenda de comunión debía ser una expresión de «acción de gracias» (Levítico 7:12). Si se dice que el pueblo de Israel, obedientemente, mantuvo el sistema sacrificial, también tiene que decirse que perdieron de vista el objetivo. Al igual que como la gente puede concurrir a la iglesia de manera religiosa y obediente y suponer que está adorando a Dios, también lo hicieron los antiguos israelitas, con respecto a los sacrificios, tales como el de comunión. Por esa causa, Amós habló de parte de Dios:

> «Yo aborrezco sus fiestas religiosas;
> no me agradan sus cultos solemnes.
> Aunque me traigan holocaustos y ofrendas de cereal,
> no los aceptaré,
> ni prestaré atención
> a los sacrificios de comunión de novillos cebados».
> (Amós 5:21-22)

Oseas dijo exactamente lo mismo:
«Lo que pido de ustedes es amor y no sacrificios,
conocimiento de Dios y no holocaustos».

(Oseas 6:6)

Jesús se refirió a Oseas 6:6 dos veces, para hacerles entender por qué Israel perdió de ver quién era él. Jesús fue criticado por comer con los recaudadores de impuestos y pecadores. Él les dijo que «vayan y aprendan» lo que significaba Oseas 6:6 (Mateo 9:13). Más tarde dijo: «Si ustedes supieran lo que significa: "Misericordia quiero y no sacrificio", no condenarían a los que no son culpables» (Mateo 12:7).

Mucho antes, el profeta Isaías había dado la advertencia:

«Así dice el Señor,
tu Redentor, el Santo de Israel:
"Yo soy el Señor tu Dios,
que te enseña lo que te conviene,
que te guía por el camino en que debes andar.
Si hubieras prestado atención a mis mandamientos,
tu paz habría sido como un río;
tu justicia, como las olas del mar"».

(Isaías 48:17-18)

La consecuencia final de la falla de Israel, en recordar, fue que perdieron la mayor promesa. Fue por una nación ingrata que Jesús lloró cuando se acercaba a la ciudad de Jerusalén y lamentó:

«Cuando se acercaba a Jerusalén, Jesús vio la ciudad y lloró por ella. Dijo: ¡Cómo quisiera que hoy supieras lo que te puede traer paz! Pero eso ahora está oculto a tus ojos. Te sobrevendrán días en que tus enemigos levantarán un muro y te rodearán, y te encerrarán por todos lados. Te derribarán a ti y a tus hijos dentro de tus murallas. No dejarán ni una piedra sobre otra, porque no reconociste el tiempo en que Dios vino a salvarte».

(Lucas 19:41-44)

La pena por la ingratitud es incalculable. Esto es cierto para un individuo, para la Iglesia o para una nación.

Cuando el *Mayflower* arribó en Plymouth, Massachussets, el 11 de noviembre de 1620, los Padres Peregrinos estaban llenos de expectativas. Meses atrás, el pastor John Robinson (1575-1625) les había dicho: «El Señor tiene aún más luz y verdad que brotará de su palabra». El futuro parecía tan auspicioso cuando ellos desembarcaron, pero cayeron en tiempos increíblemente difíciles, durante su primer año, cuando muchos morían de hambre.

¿Por qué Dios permitió una adversidad tal a un grupo de personas que sinceramente pensaron que estaban glorificando a Dios en su aventura? No lo sé, pero lo que sé es esto: que una vez que ellos empezaron a experimentar la generosidad de Dios, *determinaron* ser agradecidos. El resultado fue la institución del Día de Acción de Gracias en los Estados Unidos.

El día original de Acción de Gracias de los Peregrinos fue ordenado luego de la primera cosecha en la Colonia Plymouth (1621). Se señalaron días especiales en Nueva Inglaterra para dar gracias o ayunar. Comenzando en Connecticut en 1649, la observancia de una fiesta anual de cosecha se había extendido por toda Nueva Inglaterra, para fines del siglo dieciocho. George Washington proclamó el primer Día Nacional de Acción de Gracias en 1789. Con la proclamación de Abraham Lincoln, en 1863, se convirtió en una observancia anual. Por un acta del Congreso en 1941, el Día de Acción de Gracias es el cuarto viernes de noviembre. Lamentablemente, pocos estadounidenses conocen esta historia, y a muchos no les interesa. Aunque es el feriado favorito en Estados Unidos, lamentablemente, es más conocido como el día de comer pavo y mirar football americano.

Creo que la caída de las Torres Gemelas en Nueva York, el 11 de septiembre de 2001, fue un llamado de alerta a todas las naciones del mundo. El tiempo, por supuesto, lo dirá, pero no me sorprendería que ese día fuera finalmente visto como los comienzos del Clamor de Medianoche: «A medianoche se oyó un grito: "¡Ahí viene el novio! ¡Salgan a recibirlo!"» (Mateo 25:6). Si es que Juan vio literalmente las torres cayendo, o que Dios lo llevó a escribir en una forma que simplemente mostrara cuán rápido Dios puede intervenir y dar vuelta la historia en un día, no lo sé. Pero esto es lo que vio cuando estaba en la Isla de Patmos: «¡Ay! ¡Ay de ti, la gran ciudad, Babilonia, ciudad poderosa, porque en una sola hora ha llegado tu juicio!» (Apocalipsis 18:17).

Las naciones para el Dios Todopoderoso son verdaderamente como «una gota de agua en un balde» y como «polvo» (Isaías 40:15). Dios puede llamar a una nación para que le rinda cuentas con el solo movimiento de su dedo.

De hecho, un día «todas las naciones se reunirán delante de él» (Mateo 25:32). Cómo juzgará a las naciones en el Día Final es un misterio para mí. Porque ellas son lo que son, en parte, por los líderes pasados, que ya no están más. Pero Dios lo hará de algún modo. Adolf Hitler puede haber estado ausente cuando los criminales de guerra fueron juzgados en Nuremberg, luego de la Segunda Guerra Mundial, pero Dios tendrá la última palabra. De hecho, el mar devolverá a sus muertos (Apocalipsis 20:13).

Nadie escapará. El Creador que nos dio vida, al principio, resucitará a los muertos —los que están en sus tumbas o en las cenizas de la cremación. Es algo sencillo para él. Y todos pasarán por el juicio, incluyendo reyes y presidentes: «Luego vi un gran trono blanco y a alguien que estaba sentado en él. De su presencia huyeron la tierra y el cielo, sin dejar rastro alguno» (Apocalipsis 20:11).

Dios ha estado en el tema de juzgar a las naciones por millones de años, en todo caso. Él puede aniquilar gobiernos, exaltar a un nadie hasta lo sumo, cambiar la geografía y reconstruir los límites en los mapas, y hacer que los dictadores más crueles se enfrenten a su suerte. Él puede derribar una nación de la noche a la mañana, y lo ha hecho muchas veces. Pero ese no es el final. Todos los hombres, ya sean reyes o presidentes, estarán delante de Dios como almas individuales para rendir cuentas.

Está escrito:
«Tan cierto como que yo vivo», dice el Señor, "ante mí se doblará toda rodilla y toda lengua confesará a Dios" (Romanos14:11-12).
«Así que cada uno de nosotros tendrá que dar cuentas de sí a Dios».

«Porque es necesario que todos comparezcamos ante el tribunal de Cristo, para que cada uno reciba lo que le corresponda, según lo bueno o malo que haya hecho mientras vivió en el cuerpo».

(2 Corintios 5:10)

«Los reyes de la tierra, los magnates, los jefes militares, los ricos, los poderosos, y todos los demás, esclavos y libres, se escondieron en las cuevas y entre las peñas de las montañas. Todos gritaban a las montañas y a las peñas: «¡Caigan sobre nosotros y escóndannos de la mirada del que está sentado en el trono y de la ira del Cordero, porque ha llegado el gran día del castigo! ¿Quién podrá mantenerse en pie?».

(Apocalipsis 6:15-17)

Las naciones ingratas serán juzgadas, tarde o temprano. Los gobernantes ingratos serán juzgados, tarde o temprano. Los ricos y pobres serán juzgados, tarde o temprano.

¡Un gran día viene! ¿Está preparado? La mejor preparación para ese día es ser hallado en una actitud de arrepentimiento, agradeciendo a Dios.

Capítulo 12

Agradecer a Dios en el cielo

«Los seguía un tercer ángel que clamaba a grandes voces: «Si alguien adora a la bestia y a su imagen, y se deja poner en la frente o en la mano la marca de la bestia, beberá también el vino del furor de Dios, que en la copa de su ira está puro, no diluido. Será atormentado con fuego y azufre, en presencia de los santos ángeles y del Cordero».

(Apocalipsis 14:9-10)

¿Hay alguna noticia mejor que esta: ¡nos vamos al cielo!? El resultado final de la fe cristiana es que aquellos que confían en la muerte de Cristo en la cruz se van al cielo y, no, al infierno. Martín Lutero se refirió a Juan 3:16 como «la Biblia en pocas palabras»: «Porque tanto amó Dios al mundo, que dio a su Hijo unigénito, para que todo el que cree en él no se pierda, sino que tenga vida eterna». Este versículo implica cielo e infierno. Aquellos que creen en el Hijo no perecerán, es decir, no irán al infierno. Los que creen en el Hijo tendrán vida eterna, es decir, irán al cielo.

Con frecuencia, el corazón del mensaje cristiano se nubla a causa de lo que, en realidad, son los beneficios secundarios del evangelio. Por ejemplo: «Somos mucho mejores que antes» o «Nuestras vidas han cambiado. Estamos más felices que antes. Aún la sociedad es mejor cuando el evangelio ha hecho un impacto». Es cierto. Sé a lo que la gente se refiere con eso. Pero la razón principal por la que Jesús murió en la cruz fue para hacer posible que vayamos al cielo cuando muramos. Créase o no, el cristianismo trata, esencialmente, sobre nuestra muerte. La paga del pecado es la muerte (Romanos 6:23). Jesús vino para recuperar lo que Adán perdió en el Jardín del Edén. Básicamente, el evangelio se refiere a esa gran recuperación. Algunos dicen: «Si no hubiera cielo o infierno, igualmente sería cristiano». Sé lo que quieren decir en este caso, también, pero es contrario al pensamiento de Pablo: «Si la esperanza que tenemos en Cristo fuera solo para esta vida, seríamos los más desdichados de todos los mortales» (1 Corintios 15:19). Pablo está diciendo: «Si no va a haber un cielo, todo esto no vale la pena en lo que a mí respecta». Esto parece sorprender a algunos. Pero lo maravilloso es que ¡vamos a ir al cielo! Algunas veces casi no puedo aguantar esperar más.

¡Sabremos más acerca del cielo en cinco minutos de estar allí que en toda la especulación que hemos hecho de este lado del cielo! Todos tenemos preguntas, como, por ejemplo: ¿Literalmente habrá calles de oro? ¿Habrá mansiones reales, en las cuales viviremos? ¿Cómo pasaremos nuestro tiempo, es decir, si es que el tiempo existe tal como lo conocemos? En pocas palabras: ¿qué haremos en el cielo?

Sea como sea, yo estoy seguro de que, entre muchas otras cosas, pasaremos una gran cantidad de «tiempo» en la eternidad agradeciéndole a Dios por su bondad.

En un sentido, es más fácil predecir lo que no haremos en los cielos. Esto es fácil de ver, según nos dice Apocalipsis 21:4, por ejemplo: «Él les enjugará toda lágrima de los ojos. Ya no habrá muerte, ni llanto, ni lamento ni dolor, porque las primeras cosas han dejado de existir». No veremos la muerte. No lloraremos. No estaremos en dolor.

Este capítulo se centra no tanto en lo que haremos en el cielo, sino, más bien, en lo que podemos estar haciendo en la Tierra, mientras tanto —y que no lamentaremos haber hecho cuando vayamos al cielo. No sé si experimentaremos eso durante toda la eternidad; sí, que es la manera en que nos sentiremos ante el Tribunal de Cristo. «Porque es necesario que todos comparezcamos ante el tribunal de Cristo, para que cada uno reciba lo que le corresponda, según lo bueno o malo que haya hecho mientras vivió en el cuerpo» (2 Corintios 5:10).

Ahora es el tiempo de hacer ciertas cosas que no haremos en el cielo. Esto es así, en parte, porque no podremos hacerlas entonces. Y, también, porque no nos serán requeridas allí. Nuestros días en la Tierra son un tiempo precioso, mucho más de lo que podemos haber imaginado. No siempre será como es ahora. Estos días son de gran importancia para Dios. Entonces, también deberían importarnos a nosotros.

¿Por qué es importante este capítulo? Es un recordatorio, justo a tiempo, de que la vida, por más larga que sea, todavía es corta; de que todos estaremos de pie ante el Trono del Juicio de Cristo. El Trono del Juicio de Cristo revelará muchas cosas. Primero, quién es salvo y quién se pierde (1 Pedro 4:17-18). Segundo, quién de entre los salvos recibirá recompensa y quién, a pesar de ser salvo por fuego, perderá su recompensa (1 Corintios 3:15). Estas verdades deberían motivarnos a vivir de tal manera que tengamos poco de qué lamentarnos ante el Trono del Juicio de Cristo.

En este momento, hay dos clases de seres creados en los cielos: los ángeles que no cayeron en la revuelta de Satanás, y los santos muertos, creyentes del Antiguo y del Nuevo Testamento. Ambas clases de seres creados están dando gracias a Dios en los cielos (aun mientras usted está leyendo estas líneas).

Los ángeles en los cielos son, por tanto, llamados ángeles no caídos. Unimos varias porciones de referencias bíblicas y concluimos en que Satanás, una vez conocido como «Lucero, hijo de la mañana» (Isaías 14:12 RV), condujo una sublevación masiva en contra de Dios, en los lugares celestiales, antes de que Dios creara al hombre y la mujer. Esto se confirma en 2 Pedro 2:4, que se refiere a los ángeles que pecaron. Se ve, también, en Judas 6: «Y a los ángeles que no mantuvieron su posición de autoridad, sino que abandonaron su propia morada, los tiene perpetuamente encarcelados en oscuridad para el juicio del gran Día».

No todos los ángeles se unieron a la rebelión de Satanás. Por eso yo los llamo ángeles «no caídos». Pablo, el apóstol, los denomina «ángeles escogidos» (1 Timoteo 5:21 RV), lo cual saca otra vez a relucir el tema de la predestinación. Ellos pasarán la eternidad agradeciendo a Dios porque no entraron en la conspiración de Satanás en los cielos. Nunca conocerán el gozo de la redención, tal como usted y yo lo conocemos, pero están agradecidos, de todos modos, porque fueron guardados de caer; tanto, que son, primeramente, perfectamente obedientes (Hebreos 1:7, 14) y segundo, perfectos adoradores. El profeta Isaías dijo:

> «El año de la muerte del rey Uzías, vi al Señor excelso y sublime, sentado en un trono; las orlas de su manto llenaban el templo. Por encima de él había serafines, cada uno de los cuales tenía seis alas: con dos de ellas se cubrían el rostro, con dos se cubrían los pies, y con dos volaban. Y se decían el uno al otro: "Santo, santo, santo es el Señor Todopoderoso; toda la tierra está llena de su gloria"».
>
> (Isaías 6:1-3)

Además de los ángeles, en el cielo están los salvados que estarán para siempre con el Señor. Cuando Jesús hizo callar a los saduceos, les habló de la resurrección de los muertos (en la cual ellos no creían), y citó Éxodo 3:16: «Yo soy el Dios de Abraham, el Dios de Isaac y el Dios de Jacob» (Mateo 22:32). Eso significaba que Abraham, Isaac y Jacob mismos estaban vivos y bien, en la presencia de Dios. La aparición de Moisés y Elías en el monte de la transfiguración de Jesús (Mateo 17:1-3) hace aún más evidente que los santos del Antiguo Testamento estaban con el Señor.

¿Qué están haciendo en el cielo? Dando gracias a Dios. Ninguno merece estar allí, y ellos lo saben mejor que nadie.

Los creyentes que han muerto están conscientes, con el Señor, en estos momentos. Pablo nos aseguró esto mismo cuando dijo que era «mucho mejor» ser llevados a la gloria que quedarnos aquí abajo. ¿Por qué? Para «estar con Cristo» (Filipenses 1:23). Pablo también creía que tendría su cuerpo espiritual en el momento en que moría (2 Corintios 5:1). Así, también, con todos los que han muerto —tanto los creyentes del Antiguo como del Nuevo Testamento— antes de la Segunda Venida de Cristo.

Este tiempo, entre la muerte de los creyentes y la Segunda Venida, se llama «estado intermedio». Todos tenemos preguntas interesantes sin responder respecto a los que están con Jesús ahora mismo. Por ejemplo: ¿Qué están haciendo? ¿Ellos saben lo que está ocurriendo con nosotros aquí abajo? No intentaré resolver esas cuestiones, pero una cosa sé: ¡están en una dicha indescriptible y no sienten dolor! Juan describe a esa gente:

> «Después de esto miré, y apareció una multitud tomada de todas las naciones, tribus, pueblos y lenguas; era tan grande que nadie podía contarla. Estaban de pie delante del trono y del Cordero, vestidos de túnicas blancas y con ramas de palma en la mano. Gritaban a gran voz: "¡La salvación viene de nuestro Dios, que está sentado en el trono, y del Cordero!"».
>
> (Apocalipsis 7:9-10)

Este pasaje describe a la gente que está en el cielo ahora. Están alabando y agradeciéndole a Dios.

> «Por eso, están delante del trono de Dios, y día y noche le sirven en su templo; y el que está sentado en el trono les dará refugio en su santuario. Ya no sufrirán hambre ni sed. No los abatirá el sol ni ningún calor abrasador. Porque el Cordero que está en el trono los pastoreará y los guiará a fuentes de agua viva; y Dios les enjugará toda lágrima de sus ojos».
>
> (Apocalipsis 7:15-17)

Su alabanza es sin el peso del pecado, distracción o tentación. Lo sabemos porque Hebreos 12:23 describe a aquellos que están ahora con el Señor, diciendo que sus espíritus «han llegado a la perfección». Están «glorificados» (Romanos 8:30). También se dice que no tienen barreras culturales, raciales o lingüísticas. Están vestidos de túnicas y adorando en alta voz. ¿Le gusta la alabanza fuerte? Si es así, entonces ¡el cielo le encantará! Si también hay música que suene fuerte para acompañarla, estoy seguro de que Dios nos permitirá a aquellos que nos sentimos incómodos con lo ruidoso, que podamos ajustar el volumen. Todo lo que están haciendo será, verdaderamente, agradecer a Dios. ¡Y el centro de todo eso es el Cordero sentado sobre su trono!

No habrá fe en el cielo. Como vimos anteriormente, la fe se describe en Hebreos 11:1: «Ahora bien, la fe es la garantía de lo que se espera, la certeza de lo que no se ve».

Para que la fe pueda ser fe, debemos confiar en Dios sin evidencias completas. La fe se define mejor como, simplemente, creer a Dios —una definición que el Dr. Martín Lloyd-Jones me dio hace algunos años. No es meramente creer que hay un Dios. Después de todo, el diablo cree en Dios: «¿Tú crees que hay un solo Dios? ¡Magnífico! También los demonios lo creen, y tiemblan» (Santiago 2:19). La fe es creerle a Dios y descansar en él solamente. Es creer que su Palabra es verdadera. Es demostrarlo confiando en esa Palabra.

En el cielo todas las evidencias de Dios y su Palabra estarán delante de nuestros ojos. ¡La fe se hará vista!

«Y, Señor, apresura el día en que mi fe, vista se hará,
Las nubes serán enrolladas cual pergamino;
La trompeta sonará y el Señor descenderá,
Aún entonces, mi alma feliz estará».
(H.G. Spafford, 1828-1888)

«Ver es creer», dice el mundo. Pero para Dios es lo contrario: creer es ver. En el cielo todo el mundo verá claramente, y no habrá fe.

Al momento de la Segunda Venida, nadie precisará fe. «¡Miren que viene en las nubes! Y todos lo verán con sus propios ojos, incluso, quienes lo traspasaron; y por él harán lamentación todos los pueblos de la tierra. ¡Así será! Amén» (Apocalipsis 1:7). La razón por el lloro es que la posibilidad de hallar la fe verdadera será quitada; todos «creerán», pero ese «creer» no podrá ser verdaderamente llamado bajo el título de «fe».

Como no habrá fe en el cielo, ahora tenemos la oportunidad de hacer lo que no podremos hacer allí: agradar a Dios con nuestra fe. La fe agrada a Dios: «Sin fe es imposible agradar a Dios, ya que cualquiera que se acerca a Dios tiene que creer que él existe y que recompensa a quienes lo buscan» (Hebreos 11:6). Podemos preguntar: ¿Agradaremos a Dios en el cielo?» La respuesta es: sí. ¡Pero no le agradaremos a través de nuestra fe! Eso es algo que solamente podemos hacer ahora. Nunca más podremos volver a estos días.

Yo quiero agradar a Dios *ahora*, porque, en un sentido, no podré hacerlo luego. Quiero ser agradecido ahora. Puedo traer una medida de gloria y placer a Dios, ahora, lo cual será imposible de hacer entonces. ¿Cómo? Confiando en él y agradeciéndole, cada vez más.

¿Qué debemos hacer ahora? Siempre podemos orar por más fe. «Entonces los apóstoles le dijeron al Señor: "¡Aumenta nuestra fe!"» (Lucas 17:5). Y en otra ocasión: «¡Sí, creo!», exclamó de inmediato el padre del muchacho. «¡Ayúdame en mi poca fe!» (Marcos 9:24).

Confíe en Dios ahora y agradézcale en una manera en la que se alegrará cuando esté en los cielos. Es, quizás, como el sentimiento que a veces tenemos al final de un tiempo de prueba. Cuando ésta se termina (la cual pensamos que nunca se iba acabar) algunas veces, nos avergonzamos por nuestra incredulidad. No confiaremos en Dios en los cielos, estaremos viéndolo; por lo tanto, no precisaremos la fe. Debemos confiar en él, ahora y agradecerle, ahora.

No es fácil decir cuál es la diferencia —si es que hay una— entre la dicha del pueblo que está en el cielo ahora y aquella que todos disfrutaremos después de la Segunda Venida. Solo sé esto: «Así como está establecido que los seres humanos mueran una sola vez, y después venga el juicio, también Cristo fue ofrecido en sacrificio una sola vez para quitar los pecados de muchos; y aparecerá por segunda vez, ya no para cargar con pecado alguno, sino para traer salvación a quienes lo esperan» (Hebreos 9:27-28).

La Segunda Venida es inmediatamente seguida por el Hijo del Hombre, sentándose sobre su Trono de Juicio (Mateo 25:31, 2 Timoteo 4:1). El Juicio Final, en forma general, consistirá en la separación de los salvos de los perdidos, pero, también, en un particular juicio a los salvos: «Porque es necesario que todos comparezcamos ante el tribunal de Cristo, para que cada uno reciba lo que le corresponda, según lo bueno o malo que haya hecho mientras vivió en el cuerpo» (2 Corintios 5:10).

¿Es cierto que habrá personas salvas que no recibirán recompensa en el Trono del Juicio de Cristo? Sí, es cierto. Ellos serán salvos por fuego. Sufrirán la pérdida de recompensa o de herencia, pero de todos modos estarán en el cielo (1 Corintios 3:14-15). ¿Pero esta gente no estará triste durante toda la eternidad? No, porque Dios secará todas sus lágrimas.

Pero debo agregar lo siguiente: ¡el terror mismo del Trono del Juicio debería ser suficiente para que todos queramos una recompensa, y, no, simplemente, lograr ir al cielo «de los pelos»! La gente me ha dicho: «Yo no quiero una recompensa en el cielo, nada más quiero ir al cielo» (como si esto fuera señal de un espíritu modesto). Yo les contesto: a usted no le importa, ahora, si recibirá una recompensa en el Trono del Juicio; pero, en ese momento, le importará. No se olvide que recibirla (también se llama premio o corona) era muy importante para el apóstol Pablo. «Más bien, golpeo mi cuerpo y lo domino, no sea que, después de haber predicado a otros, yo mismo quede descalificado» (1 Corintios 9:27) (N de T: En la traducción literalmente de la NIV en inglés se refiere a ser descalificado de ganar el premio). ¡Él la quería casi más que a ninguna otra cosa!

Y, aún así, nuestro Padre Celestial secará todas nuestras lágrimas. Nadie será desdichado en el cielo, ya sea porque no recibamos recompensa o por no ver a las personas que esperábamos ver allí o por cualquier otra cosa que nos preocupe ahora. Dios se asegurará de que no haya tristeza en el cielo.

No ganaremos almas allá. «El que gana almas es sabio» (Proverbios 11:30). ¿Ha ganado alguna vez un alma para Cristo? ¿Cuántos cristianos supone que hay que nunca llevaron un alma a Jesucristo?

Todos, en el cielo, habrán sido salvos. Todos nosotros estaremos en el cielo porque nos hemos convertido en la Tierra. Escuchamos el evangelio y creímos. En la mayoría de los casos, nuestra llegada a Cristo fue porque alguien en la Tierra nos guió al Señor o nos llevó al lugar donde pudimos oír el evangelio.

«Solo una vida —y ella pronto habrá pasado.
Solo lo que se hizo por Cristo permanecerá».

(Anónimo)

¿Cómo supone que se sentirá, ante el Trono del Juicio, si no ha sido un ganador de almas aquí? Llevar un alma a Cristo es algo que no haremos en el cielo, pero podemos hacerlo en la Tierra y estaremos felices de haberlo hecho. ¡Todavía hay tiempo! ¡Ganar almas es una forma de agradecerle a Dios! Los días pasan rápidamente. «Mientras sea de día, tenemos que llevar a cabo la obra del que me envió. Viene la noche cuando nadie puede trabajar» (Juan 9:4). Como dijo Billy Graham: «Cuanto más vivo, más rápido vuela el tiempo».

No habrá más necesidad de ser disciplinados en el cielo. Eso es lo que Dios hace con nosotros aquí abajo: «Porque el Señor disciplina a los que ama, y azota a todo el que recibe como hijo» (Hebreos 12:6). La palabra «disciplina» o «castigo», como vimos anteriormente, viene de una palabra griega que significa «aprendizaje forzado». Es cuando Dios nos enseña una lección. Estas son las instancias del castigo, no obstante:

Plan A: Cuando Dios nos disciplina a través de su palabra, ya sea en la enseñanza, predicación o corrección de un amigo. «Ciertamente, la palabra de Dios es viva y poderosa, y más cortante que cualquier espada de dos filos. Penetra hasta lo más profundo del alma y del espíritu, hasta la médula de los huesos, y juzga los pensamientos y las intenciones del corazón» (Hebreos 4:12). Esta es la mejor manera de resolver nuestros problemas.

Plan B: Cuando no escuchamos esa palabra como debiéramos y Dios tiene que servirse de otros medios tales como enfermedad, reveses financieros, una situación de injusticia que no se resuelve; Dios hace lo que tenga que hacer para llamar nuestra atención. «Ciertamente, ninguna disciplina, en el momento de recibirla, parece agradable, sino más bien penosa; sin embargo, después produce una cosecha de justicia y paz para quienes han sido entrenados por ella» (Hebreos 12:11).

Plan C: Cuando todo lo demás falla y Dios nos deja sordos para que nunca más podamos escucharlo hablar nuevamente (Hebreos 6:6) o nos lleva al cielo «prematuramente», como dice en 1 Corintios 11:30 y 1 Juan 5:16.

El propósito del castigo es hacernos agradecidos. Seremos agradecidos en el cielo. Pero Dios quiere que lo seamos ahora.

Si escuchamos la palabra de Dios (Plan A), el resultado será la autodisciplina: el entrenamiento que produce dominio propio. Ese entrenamiento se da en más de una forma. Algunos lo aprenden en casa. Otros, mirando o escuchando a otros. Una buena enseñanza debería animarnos a tener autodisciplina. Por ejemplo:

1. *Controlar la lengua:* «Así también la lengua es un miembro muy pequeño del cuerpo, pero hace alarde de grandes hazañas. ¡Imagínense qué gran bosque se incendia con tan pequeña chispa! También la lengua es un fuego, un mundo de maldad. Siendo uno de nuestros órganos, contamina todo el cuerpo y, encendida por el infierno, prende a su vez fuego a todo el curso de la vida» (Santiago 3:5-6). «Eviten

toda conversación obscena. Por el contrario, que sus palabras contribuyan a la necesaria edificación y sean de bendición para quienes escuchan» (Efesios 4:29).
2. *Resistir la tentación:* «Estén alerta y oren para que no caigan en tentación. El espíritu está dispuesto, pero el cuerpo es débil» (Mateo 26:41). «Que nadie, al ser tentado, diga: "Es Dios quien me tienta". Porque Dios no puede ser tentado por el mal, ni tampoco tienta él a nadie» (Santiago 1:13).
3. *Redimir el tiempo:* «Aprovechando al máximo cada momento oportuno, porque los días son malos» (Efesios 5:16).
4. *Dignificar la prueba:* Las pruebas están en verdad predestinadas. «Para que nadie fuera perturbado por estos sufrimientos. Ustedes mismos saben que se nos destinó para esto» (1 Tesalonicenses 3:3).

Todo esto debería llevarnos a ser más agradecidos a Dios y a apreciar a los demás.

No habrá oraciones en el cielo. Alabanza, sí; adoración, no. En el cielo adoraremos a Dios en forma perfecta. No tendremos tentación que nos distraiga. Nuestras mentes no estarán divagando. No habrá Satanás que nos venza. Pero no habrá oración. Orar es pedirle a Dios que actúe. Orar es intercesión. En el cielo no precisaremos interceder o pedirle a Dios que haga esto o aquello.

Cuando estemos ante Dios en el Trono del Juicio, no lamentaremos ni un momento pasado a solas con él, en oración. La que deba hacerse, debe ser hecha ahora. Toda vida devocional debe ser experimentada ahora. ¿Cuánto tiempo pasa en oración? ¿Con qué frecuencia y cuánto lee su Biblia?

Estoy seguro de que habrá crecimiento y desarrollo en los cielos. Pero ese crecimiento vendrá como resultado de ser glorificados. Aquí abajo, es el resultado de la fe y de la disciplina. Creo que en el cielo la calidad de nuestro crecimiento y capacidad de aprender y desarrollarnos estará basada en nuestra calidad de crecimiento aquí abajo. Aquí están los que siempre están aprendiendo, pero nunca son capaces de llegar al conocimiento de la verdad (2 Timoteo 3:7). En el cielo siempre estaremos aprendiendo, pero la diferencia es que seremos capaces de comprender la verdad. Es mi convicción personal que nuestra recompensa allí consistirá, en parte, en tener una cierta habilidad para crecer, que estará basada en nuestro desarrollo personal como cristianos, aquí, en la Tierra. Todo se reducirá a una sola cosa: lo agradecidos que somos ahora.

El cielo se conoce como el Nuevo Edén. La vida que fue dada a Adán y Eva con la condición de que no comieran del árbol del conocimiento del bien y del mal (Génesis 2:16-17) es ahora otorgada a todos los habitantes del cielo, en forma incondicional. En el cielo no deberemos preocuparnos por pecar nuevamente o por perder lo que hemos recibido. La muerte de Jesús es la seguridad infalible de que nunca perderemos la vida eterna. Esta vida eterna, en verdad, comienza aquí abajo, y no puede perderse. ¡En el cielo continuaremos en esta seguridad, sin necesidad de fe!

La apariencia del cielo nos lleva nuevamente a lo que se describe en Génesis, respecto al Edén. El matrimonio de Adán y Eva (Génesis 2:23-24) es sustituido por el matrimonio entre Cristo y la Iglesia, la novia de Cristo: «Vi además la ciudad santa, la nueva Jerusalén, que bajaba del cielo, procedente de Dios, preparada como una novia hermosamente vestida para su prometido» (Apocalipsis 21:2). Los ríos del Edén (Génesis 2:10-14) son sustituidos por el río de vida: «Luego el ángel me mostró un río de agua de vida, claro como el cristal, que salía del trono de Dios y del Cordero, y corría por el centro de la calle principal de la ciudad» (Apocalipsis 22:1-2a). El árbol del conocimiento del bien y el mal será remplazado por el árbol de la vida: «A cada lado del río estaba el árbol de la vida, que produce doce cosechas al año, una por mes; y las hojas del árbol son para la salud de las naciones» (Apocalipsis 22:2b).

Más aún, la maldición descrita en Génesis 3:14-19 ha sido cancelada: «Ya no habrá maldición. El trono de Dios y del Cordero estará en la ciudad. Sus siervos lo adorarán» (Apocalipsis 22:3). La creación del día y la noche con sus dos grandes lumbreras

(Génesis 1:16) ha sido cambiada: «Ya no habrá noche; no necesitarán luz de lámpara ni de sol, porque el Señor Dios los alumbrará. Y reinarán por los siglos de los siglos» (Apocalipsis 22:5). Apocalipsis 21:23 dice: «La ciudad no necesita ni sol ni luna que la alumbren, porque la gloria de Dios la ilumina, y el Cordero es su lumbrera».

Nuestros cuerpos en el cielo serán glorificados. Los cuerpos glorificados del estado intermedio entre nuestra muerte y la Segunda Venida serán sustituidos por cuerpos transformados que serán re-creados por el poder de Cristo (1 Corintios 15:51-55).

Conoceremos como somos conocidos: «Ahora vemos de manera indirecta y velada, como en un espejo; pero entonces veremos cara a cara. Ahora conozco de manera imperfecta, pero entonces conoceré tal y como soy conocido» (1 Corintios 13:12). Nos reconoceremos unos a otros en el cielo. Se supone que nos pareceremos bastante a lo que somos hoy, ¡pero, ciertamente, mejores! Pedro, Santiago y Juan supieron que eran Moisés y Elías, en la ocasión en que Jesús fue transfigurado. En este caso, les fue revelado por el Espíritu Santo.

Nosotros seremos como Jesús: «Queridos hermanos, ahora somos hijos de Dios, pero todavía no se ha manifestado lo que habremos de ser. Sabemos, sin embargo, que cuando Cristo venga seremos semejantes a él, porque lo veremos tal como él es» (1 Juan 3:2). ¡Eso no significa en absoluto que seremos idénticos o tendremos las huellas de los clavos de Jesús! Significa que nuestros cuerpos serán transformados, como hemos visto. Los sordos oirán, los ciegos verán, todos los discapacitados podrán caminar o correr, los que han estado enfermos serán total y permanentemente sanados ¡y cuánta gloria traerá esto a Dios!

Jesús tenía un cuerpo resucitado y transformado que podía comer (Lucas 24:42-43), pero también podía pasar a través de una puerta cerrada (Juan 20:19). Su resurrección no fue el cuerpo viejo resucitado, sino transformado. Era la misma persona, pero el cuerpo había sido glorificado, y, aún así, retenía las marca de los clavos (Juan 20:25-28). Eso significa que nuestros cuerpos serán identificables, pero insensibles a la enfermedad o al dolor; incapaces de cansarse o de ser tentados; intocables para la muerte.

Nuestros cuerpos serán totalmente dedicados para la gloria y adoración a Dios. Aquí abajo adoramos con nuestros cuerpos, en parte. En el cielo habrá adoración total: con nuestra mente y cuerpo. Nuestra habilidad de agradecer a Dios será, finalmente, ilimitada.

Por lo tanto, no tendremos restricciones en nuestra capacidad de agradecerle a Dios. Como el gran escritor de himnos lo expresa:

«¡Oh! que tuviera lenguas mil
Del Redentor cantar.
La gloria de mi Dios y Rey,
Los triunfos de su amor».
(Charles Wesley, 1707-1788)[6]

¡Este será el caso en el cielo! La adoración traerá gran gloria y complacencia a Dios y, a su vez, devolverá todo ese deleite y placer a nosotros. Nuestra adoración glorificará a Dios. También, será acompañada por música (Apocalipsis 7:10).

Todo se centrará en la gloria de Dios. Aquí debajo se nos ordena hacer todo para la gloria de Dios —sea que comamos o bebamos o lo que sea que hagamos (1 Corintios 10:31). En el cielo, *haremos* todo para la gloria de Dios. No necesitaremos que se nos lo diga. ¡En el cielo no precisaremos advertencias o exhortaciones!

La Nueva Jerusalén irradiará la gloria de Dios. «Me llevó en el Espíritu a una montaña grande y elevada, y me mostró la ciudad santa, Jerusalén, que bajaba del cielo, procedente de Dios. Resplandecía con la gloria de Dios, y su brillo era como el de una piedra preciosa, semejante a una piedra de jaspe transparente» (Apocalipsis 21:10-11). La ciudad no necesitará la luz del sol ni

---

[6] Traducido al español por Alejandro Sánchez y publicado por Llamada de Medianoche.

de la luna —ellos desaparecerán de todos modos— (2 Pedro 3:12). Es la ciudad donde no es necesario el sol porque la gloria de Dios la ilumina: «La ciudad no necesita ni sol ni luna que la alumbren, porque la gloria de Dios la ilumina, y el Cordero es su lumbrera» (Apocalipsis 21.23).

Un resplandor mayor del que jamás puede ser concebido o experimentado por nosotros, aquí, en la Tierra, será la luz de los cielos por siempre y siempre. Reflejará a Dios mismo (1 Juan 1:5). Es todo lo contrario al pecado, Satanás y el infierno (Juan 3:19-20; Mateo 8:12; Efesios 6:12).

Finalmente, todos presenciaremos la mayor gloria: ¡la de ver a Jesús recibir su recompensa!

«Digno eres, Señor y Dios nuestro, de recibir la gloria, la honra y el poder, porque tú creaste todas las cosas; por tu voluntad existen y fueron creadas».

(Apocalipsis 4:11)

«Cantaban con todas sus fuerzas: "¡Digno es el Cordero, que ha sido sacrificado, de recibir el poder, la riqueza y la sabiduría, la fortaleza y la honra, la gloria y la alabanza!" Y oí a cuanta criatura hay en el cielo, y en la tierra, y debajo de la tierra y en el mar, a todos en la creación, que cantaban: "¡Al que está sentado en el trono y al Cordero, sean la alabanza y la honra, la gloria y el poder, por los siglos de los siglos!"».

(Apocalipsis 5:12-13)

¡Lo veremos con nuestros propios ojos! Y seremos llenos de una gratitud que ahora es indescriptible, pero entonces no cabrá duda.

Esto traerá gran gloria a Dios de ver todos los redimidos felices en el lugar que él ha preparado para nosotros. ¿Quién tendrá el mayor gozo? ¿Dios o nosotros? Cuanto más es glorificado Dios, más felices somos; este siempre ha sido el caso y siempre lo será.

El cielo, nuestro hogar futuro y final, traerá gran gloria a

Dios y a su Hijo. La gratitud durará por toda la eternidad. Por eso, hagamos un pacto de pasar más tiempo agradeciéndole ahora —y contando nuestras bendiciones— porque es seguro que tenemos más para agradecerle de lo que jamás nos llegaremos a imaginar.

Conclusión

Durante la época del presidente Theodore Roosevelt, quien amaba ir a cazar al África, un misionero Bautista del Sur completó sus cuarenta años de servicio cristiano allí. El misionero navegó desde África a Nueva York y escuchó una banda tocando mientras el barco iba entrando al puerto. ¡Estaba tan contento! No podía creer que eso estaba ocurriendo, que sus amigos habían traído una banda al puerto para darle la bienvenida. Las lágrimas corrieron por sus mejillas mientras se apresuraba a tomar la salida del barco descendiendo por la escalerilla. De pronto, un hombre de seguridad lo detuvo y le gritó: «¡Retroceda, señor!» El viejo misionero esperó, mientras que el presidente Roosevelt, que venía de su viaje al África, donde había ido a cazar, fue el primero en desembarcar; y él, el último en abandonar la nave. Puso su equipaje en el suelo y se quedó, de pie, en el muelle. La banda que había estado dando la bienvenida al presidente de los Estados Unidos se había retirado. Nadie estaba allí para recibir a un misionero que volvía a casa. Ni un alma. El anciano hizo su camino hacia un modesto hotel en Nueva York y cayó sobre sus rodillas, tan pronto como entró en la habitación. «¡Señor —clamó—, te he servido por cuarenta años en África, y nadie sale a recibirme! El presidente Roosevelt pasa tres meses cazando y tiene una banda tocando para él». El Señor le susurró al misionero: «Pero tú no estás en casa aún».

Un día Jesús nos dará la bienvenida al hogar. Dijo Pablo: «De hecho, considero que en nada se comparan los sufrimientos actuales con la gloria que habrá de revelarse en nosotros» (Romanos 8:18). Hay un día venidero, en el que veremos por nosotros mismos lo que Juan vio: la Nueva Jerusalén. «Vi además la ciudad santa, la nueva Jerusalén, que bajaba del cielo, procedente de Dios, preparada como una novia hermosamente vestida para su prometido» (Apocalipsis 21:2). Eso será estar en casa. Nuestro hogar final y eterno. «nosotros somos ciudadanos del cielo», dijo Pablo (Filipenses 3:20) y un día estaremos en casa, para nunca más mudarnos.

¿Puede imaginarse lo agradecidos que estaremos entonces? La alegría no se puede describir ahora, y me pregunto si alguna vez seremos capaces de entenderlo todo allí. Solo sé que tendremos toda la eternidad para agradecerle a Dios. Como dice el verso agregado al final de «Sublime Gracia»:

«Y cuando esté por siglos mil
brillando como el sol,
yo cantaré por siempre allí
la historia de su amor».[7]

Ciertamente, le agradeceremos allí. Hagámoslo ahora, más que nunca antes. Por cierto, ¡hagámoslo todo el tiempo!

---

[7] Traducido al español por Cristóbal E. Morales.

*Nos agradaría recibir noticias suyas.
Por favor, envíe sus comentarios
sobre este libro a la dirección
que aparece a continuación.
Muchas gracias.*

Editorial Vida
7500 NW 25th Street, Suite 239
Miami, Florida 33122

Vida@zondervan.com
http://www.editorialvida.com